ANSIEDAD 3

CELOS

AUGUSTO CURY

ANSIEDAD 3

CELOS

Cuando el miedo a la pérdida acelera la pérdida

OCEANO

ANSIEDAD 3
Celos

Título original: ANSIEDADE 3. CIÚME

© 2017, Augusto Cury

Traducción: Pilar Obón

Diseño de portada: Estudio Sagahón/Leonel Sagahón
Fotografía del autor: © Instituto Academia de Inteligência

D. R. © 2019, Editorial Océano de México, S.A. de C.V.
Homero 1500 - 402, Col. Polanco
Miguel Hidalgo, 11560, Ciudad de México
info@oceano.com.mx

Primera edición en Océano: 2019

ISBN: 978-607-527-767-7

Impreso en México / Printed in Mexico

Los celos son cobradores, controladores, saboteadores, impulsivos... nadie cambia a nadie.

Tenemos el poder de empeorar a los demás, no de cambiarlos.

El amor es paciente, los celos son neuróticamente ansiosos.

El amor apuesta, los celos tienen la necesidad neurótica de la envidia.

El amor es tolerante, los celos son implacables.

El amor es desprendido, los celos son vengativos.

El amor libera, los celos controlan.

El amor es inversionista, los celos son explotadores.

El amor es humilde, los celos son arrogantes (centro de las atenciones).

Índice

Prefacio

Relacionarse con las personas es la más rica experiencia para aliviar la angustia y la soledad, pero nada puede causar tantos dolores de cabeza. Socializar es el mayor manantial para nutrir el sentido de la vida, pero puede producir estrés y decepciones. Convivir con la pareja, con los hijos, con los amigos, es una fuente insustituible de sonrisas y alegrías, pero también puede ser una fuente considerable de agotamiento cerebral.

Puede convivir con miles de animales y tal vez nunca saldrá lastimado: conviva con un ser humano y, tarde o temprano, se sentirá frustrado y también frustrará al otro. Sólo existen almas gemelas cuando éstas no viven bajo el mismo techo. No se engañe: ¡las personas sólo se entienden súper bien cuando no viven juntas, cuando sólo tienen encuentros casuales! Son comunes las fricciones, los conflictos, las dificultades para relacionarse. El menú social tiene muchos condimentos, algunos de los cuales no se pueden digerir, como la rabia, la envidia, la venganza, el sabotaje y los famosos celos.

Sin embargo, son mejores las tormentas que surgen por amar a alguien que los estremecimientos sísmicos que surgen del subsuelo del aislamiento. El aislamiento intenso y dramático suele ser un síntoma de depresión. Son mejores los sabores ácidos de las relaciones sociales que el sabor áspero de la soledad. Yo amo la soledad creativa, la soledad que me interioriza, la que me permite reinventarme, pero detesto la soledad absoluta. Los ermitaños, los anacoretas, los ascetas, los eremitas o los monjes pueden aislarse físicamente de todo y de todos, pero odian la soledad plena. Si no hay seres humanos con quienes convivir, ellos los crean en el escenario de su mente. Un paciente en brote psicótico crea sus fantasmas para relacionarse, aunque ellos lo atormenten.

Todos los seres humanos, desde los religiosos hasta los ateos, desde los lúcidos hasta los "inmaduros", desde los tímidos hasta los sociables, tienen hambre y sed de relacionarse, incluso cuando se aíslan. Todos son creadores de ficción. Crean personajes en sus sueños y en el estado de vigilia. Ningún director de Hollywood es tan creativo como los copilotos que están en nuestro inconsciente. Quien tiene celos es un director muy creativo, un especialista en películas de terror.

Los celos forman parte del menú diario de millones de personas de todas las clases sociales, culturas, religiones, razas, edades, y pueden aparecer entre parejas, hermanos, amigos, profesionistas, adultos, niños.

Mi énfasis en esta obra estará en los celos entre las parejas, el villano de los romances, el terremoto de las relaciones íntimas, aunque mucho de lo que comentaré aquí también describirá los tentáculos de otros tipos de celos. Quien diga que no tiene una de las formas de ese virus en su circulación mental, no se conoce, o no sabe entregarse y partir en busca de sus conquistas.

Vive, por lo tanto, secuestrado dentro de sí mismo. Y si vive en un capullo es porque tiene miedo de transformarse. Y si tiene miedo de la transformación es porque tiene miedo de volar, y si tiene miedo de volar es porque tiene miedo de ser libre, y si tiene miedo de ser libre es porque no sabe luchar por sus sueños. Preso en su capullo, tendrá grandes posibilidades de sufrir ataques de celos de las personas que adquirieron sus alas. Bienvenidos al complejo mundo de la emoción.

1
Un antiguo fantasma:
breve historia de los celos

UN FANTASMA REMOTO

Los celos son un fantasma emocional tan antiguo como la propia existencia humana. Los israelitas tuvieron ataques de celos, los filisteos paladearon con intensidad su sabor, los babilonios bebieron hasta hartarse de sus aguas, los egipcios los acostaron en su tumba. En su Carta a los Corintios, el apóstol Pablo dijo que el verdadero amor no arde en celos, sino que es regado por la paciencia, la generosidad y la tolerancia.

Todos los pueblos, sin importar su cultura, estuvieron enviciados —unos más, otros menos— en controlar a sus pares y esperar la retribución excesiva de sus íntimos. Cleopatra, la última reina de la dinastía de los Ptolomeos que gobernó Egipto, era una mujer fascinante, persuasiva y poderosa. Todos se rendían ante su belleza, y cuando abría la boca, encantaba a todos con su inteligencia. Antes de todos los movimientos de liberación de la mujer, ella ya era libre. Gobernaba la más fascinante y misteriosa de las naciones. Todo indica que hablaba seis idiomas, conocía la filosofía y las artes griegas, pero desconocía las trampas de la mente. Nada la sacaba de su punto de equilibrio, hasta que entró en un terreno que no dominaba: el amor.

Si hubiera amado a uno de sus miles de súbditos, incluso a un general, su historia tal vez hubiera sido menos pantanosa, pero se convirtió en la amante de un hombre poderoso, ambicioso y complicado: Julio César, el gran líder del Imperio romano. Aun las personas seguras tienen sus límites, y Cleopatra tuvo los suyos. Los celos que sentía de Julio César la hicieron soñar en dominar todo el Mediterráneo. Los planes ambiciosos intentan compensar las grietas de la personalidad. Sin embargo, las personas imbatibles también se doblan ante el dolor. Después de la muerte de Julio César, Cleopatra cautivó a Marco Antonio, otro líder romano, uno de los tres que gobernaban el imperio. Encontró en él su punto neurálgico más sensible, más adolorido. Lo amó bajo el riesgo de perder.

La poderosa mujer, frágil como cualquier ser humano, insegura como cualquier caminante, tenía todo para no castigarse, para reinventarse, pero no lo hizo. Los gigantes enfrentan montañas, pero tropiezan con las pequeñas piedras de la emoción.

Amar no es un crimen, pero amar a otra persona
antes de amarse a uno mismo sí lo es.

———

Cleopatra se derrumbó cuando Marco Antonio fue derrotado. Se suicidó con la mordida de una serpiente. Antes de desistir de la vida, ya no tenía un romance con su propia historia, se abandonó a sí misma, vendió su libertad en aras de quien amaba, un error dramático.

Amar no es un crimen, pero amar a otra persona antes de amarse a uno mismo sí lo es. Tener un romance sin tener una historia de amor con su salud emocional es violentarse.

Nadie debería tener celos de otro. Sólo hay unos celos legítimos: el celo por proteger nuestra calidad de vida. Sin él, es imposible protegernos. No hay superhéroes en el planeta de la emoción; somos nuestros mayores protectores o nuestros peores enemigos.

Un "virus" muy común: los celos en la política

Los celos no sólo infectan a los amantes; contaminan a los políticos, aprisionan a los intelectuales, encarcelan a los empresarios. Aunque haya muchas excepciones, existen diversos intelectuales, orientadores de tesis de maestría y doctorado en las universidades de las más distintas naciones que son víctimas de los celos. Tienen la necesidad neurótica de controlar a quienes orientan. Si éstos no siguen su orientación, o buscan el consejo de otros pensadores, esos intelectuales enseñan sus garras. Para ellos, las tesis de sus alumnos tienen que ser a su imagen y semejanza. Son gigantes intelectuales, pero no tienen protección emocional.

Preparan a quienes orientan para un puesto, pero no los preparan para emprender, para correr riesgos, para materializar sus sueños, para ser resilientes, para reinventarse.

La cultura académica no es una vacuna segura contra los celos. Educar la emoción sí lo es. Equipar al Yo para ser administrador de la mente humana, también. Los celos son un virus altamente penetrante, destruye más que otros virus y está en todas las mentes y en todos los lugares, esperando para eclosionar.

Los partidos políticos están tan envenenados por los celos como las parejas, que tienen peleas irracionales. A pesar de las excepciones, un partido muere de celos cuando el adversario tiene éxito en sus programas. No sabe aplaudirlo. Es común que quiera sabotearlo. Bajo las llamas de los celos, los políticos consideran a sus adversarios no como opositores, sino como enemigos a ser abatidos. Son niños con el poder en las manos.

El virus de los celos puede cegar a los prefectos, entorpecer la emoción de los diputados, asfixiar la mente de gobernadores, presidentes y primeros ministros. Infectados por la necesidad neurótica de poder, quieren perpetuarse en él a cualquier precio, lo que abre las puertas para que se instale otro virus: la corrupción. Poco les importa el futuro de su sociedad, aunque en los discursos se presenten como los más generosos de los líderes. No saben que ser un líder político es ser alguien que, ante todo, se inclina ante el pueblo y lo sirve.

Los sociópatas tienen celos

Los sociópatas también se sumergen en la fuente de los celos. Adolf Hitler era un hombre rudo, tosco, radical, controlador y emocionalmente enfermo, aunque fuera un notable comunicador. Solitario, vivía hundido en el fango del individualismo en su búnker, pero era celoso de su estatus, amaba ser el centro del mundo. Era celoso de su perra Blondi, que estaba siempre a su lado, pero nunca supo amar a los seres humanos. El soltero líder nazi sabía conquistar a las mujeres en el primer round, besando sus manos con afecto. Sin embargo, en el segundo round, cuando hacía más estrecha su relación con ellas, las llevaba a la locura. Algunas se suicidaron.

Hitler era un político poderoso, pero para la psiquiatría y la psicología era un niño que no estaba preparado para dirigir su propia mente, ni hablar de un partido o una nación. No obstante, en tiempos de crisis socioeconómica, el pueblo sufre una minimización de su autocrítica, lo cual lo lleva a elegir sociópatas. Cuando el celo de poder y los celos de las personas andan juntos, todo un país, ciudad o empresa sufre.

Quien tiene celos de poder tendrá una relación desastrosa con las personas y, al mismo tiempo, quien tiene celos de las personas tendrá una relación traumática con el poder, salivará por él, será drogado por él, ensombrecido por dos necesidades neuróticas: la de ser el centro de atención y la de controlar a los demás.

El fantasma de la pérdida impide que los seres humanos sean autónomos, sean libres y ayuden a los demás a ser

libres. El celo del cargo transforma una nación o un manda-
to político en una pose, los celos de las personas las trans-
forman en propiedad. Sólo es digno de poder quien está
desapegado de él, sólo es digno de amor quien no depende
del otro. Los celos son la mejor forma de perder la autonomía y de asfixiar el amor.

LOS CELOS EN LA ERA DIGITAL: LA EPIDEMIA

¿Están los celos en decadencia en la era actual? ¡No! ¡Están
en pleno ascenso! ¿Pero no estamos en la democracia, en la
era de la libertad? Sí. Estamos en la era de la libertad exterior, pero nunca produjimos tantos esclavos en el territorio
de la emoción.

En las más de veinte mil consultas psiquiátricas y psi-
coterapéuticas que he dado, me sorprendió ver que no sólo
los adultos tienen ataques de celos, los adolescentes también son víctimas de ellos. Hoy vivimos en la era de las redes sociales, donde las relaciones parecen fáciles pero son
frágiles en realidad. El fantasma de los celos ganó musculatura en la modernidad, y los jóvenes que deberían ser libres
son dominados por la necesidad neurótica de controlar a
su pareja. Vamos a estudiar el proceso a la luz del funcionamiento de la mente, para que este libro no sea encarado
como de autoayuda, algo que no es, sino como divulgación
científica de herramientas poderosas.

Antiguamente, un novio entraba en contacto con su novia una vez por semana en promedio, a no ser que vivieran

cerca. Hasta la segunda mitad del siglo xx, la comunicación era difícil, se realizaba por carta o a través de un medio de transporte de tracción animal, como el carruaje. Los encuentros poco frecuentes hacían que el fenómeno de la psicoadaptación, que es uno de los más increíbles fenómenos inconscientes de la mente humana, expresado por la pérdida de placer frente a la exposición constante al mismo estímulo, fuera preservado. Como la pareja rara vez se veía, la nostalgia era grande, la necesidad de estar juntos era explosiva, los encuentros eran mágicos. Cada toque, cada caricia, cada juramento de amor dicho al oído de los amantes producían experiencias emocionales fortísimas que accionaban el fenómeno RAM (Registro Automático de la Memoria), instrumento inconsciente que archiva las experiencias en la corteza cerebral. Los encuentros burbujeantes formaban ventanas poderosas, que yo llamo *light* doble P (que tienen el poder de liberar el amor y retroalimentarlo).[*]

El fenómeno de la psicoadaptación bombardeaba al fenómeno RAM con fascinantes emociones que irrigaban profundamente el amor. Un beso llevaba a los amantes a las nubes. Los hombres y mujeres del pasado amaban con una intensidad mucho mayor que la de los seres humanos del presente. Con mucha humildad, no tengo ningún recelo de decir, como autor de una de las raras teorías sobre el funcionamiento de la mente, y del primer programa de

---

[*] Para entender mejor los conceptos presentados en este libro, véase Augusto Cury, *Ansiedad: cómo enfrentar el mal del siglo*, publicado por esta misma editorial.

actualidad sobre la administración de la emoción, que el exceso de exposición a estímulos que vivimos hoy nos hace perder parte del encanto.

Los amantes del pasado tenían la posibilidad de amar con más intensidad, aunque en muchos casos existiera la locura de los celos fatales y la estupidez del machismo. Los amantes mal resueltos emocionalmente, bajo la sábana de un sistema social enfermizo, se volvían dramáticamente controladores e intensamente esclavizadores.

Las redes sociales son útiles, pero sofocaron la explosión emocional de los amantes, y generaron efectos colaterales sorprendentes, entre ellos el vampiro de los celos, que obtuvo nuevas presas, sangrando a los amantes que controlan los pasos uno del otro.

Con el paso del tiempo, la comunicabilidad se fue perfeccionando: los correos se volvieron más eficientes, y los vehículos motorizados y el teléfono acortaron las distancias. El contacto pudo hacerse una, dos o más veces por semana. Se formaban más ventanas *light* en la corteza cerebral. Sin embargo, la mayor exposición a la presencia de la pareja hizo que el fenómeno de psicoadaptación disminuyera los niveles de intensidad emocional de los encuentros, lo que dificultaba la formación de ventanas *light* doble P. Los niveles del amor sufrieron leves caídas, los encuentros pasaron a ser menos explosivos. La nostalgia ya no era tan perturbadora.

Y por fin vinieron la revolución de internet, los correos electrónicos y las redes sociales. La comunicación se volvió no sólo diaria, sino que sucedía de una hora a la otra y, en algunos casos, de minuto a minuto. La consecuencia no podía ser más grave. La frecuente exposición al mismo estímulo, en su caso, a la presencia del otro, aunque fuera virtual, aplastó al fenómeno de la psicoadaptación. Se perdió la intensidad del placer. Ya no hay más preludios, todo se hizo común. Los encuentros dejaron de ser mágicos y las caricias encantadoras; el placer se contrajo, incluso el placer sexual, los jóvenes comenzaron a tomar Viagra y otros medicamentos para la disfunción eréctil.

Las redes sociales son útiles, pero sofocaron la explosión emocional de los amantes y generaron efectos colaterales sorprendentes, entre ellos el vampiro de los celos, que obtuvo nuevas presas, sangrando a los amantes que controlan los pasos uno del otro: "¿Dónde estás?", "¿Qué estás haciendo?". Surgieron los ataques de frustración: "¿Por qué no respondiste a mis mensajes?". Con eso, el fantasma de los celos, que muchos creían que desaparecería en la era de la comunicación digital, en la era de la democracia, volvió con fuerza total. Intente controlar a quien ama, y ambos se enfermarán. El amor nace y se desarrolla en el terreno de la libertad.

Las relaciones superficiales en Facebook, en Instagram y en otras redes sociales no preparan las defensas emocionales para la relación más profunda, irrigada por la complicidad y el intercambio. Cuando dos personas acostumbradas a ese tipo de relación superficial comienzan a relacionarse con más densidad, tienen más probabilidades de perder el suelo para caminar, pues son menos capaces de compartir lágrimas y conflictos, de respetar límites, de promover los sueños y la libertad de su pareja. Fragilizadas con esa nueva experiencia, viven bajo ataques del miedo a la pérdida, que afilan las garras de los celos. Ninguna persona celosa es libre. Puede ser maravillosa, culta, inteligente, pero no libre.

El *Homo sapiens* se transformó en un *Homo digitalis* emocionalmente frágil y dependiente, cuya autonomía afectiva está secuestrada. Él parece libre, pero no sabe que el amor nace en el terreno de la confianza, que controlar al otro es una forma atroz de convertirlo en su posesión, y no en su pareja. Nunca hubo en las sociedades libres tantos prisioneros en el único lugar donde jamás deberíamos ser engrilletados. Los celos son como grilletes invisibles.

2

Educar la emoción es vital para prevenir los celos

UNA EDUCACIÓN QUE FORMA MENTES
NO PREPARADAS PARA AMAR

En todas las épocas, las sociedades han tenido sus avances culturales, políticos y tecnológicos, pero en todas faltaron generosas dosis de educación de la emoción. La educación mundial es superficial, cartesiana, lógico-lineal, incluso considerando a las más notables universidades. Ella nos remite hacia el exterior, pero no nos hace sumergirnos en las entrañas del funcionamiento de la mente.

Mientras escribía este libro, di una conferencia sobre ese tema. Le dije a la audiencia de empresarios que me escuchaba que si el Yo, que representa la capacidad de elección, no aprende a impugnar, confrontar o debatir los pensamientos perturbadores y las emociones angustiantes en el momento exacto en que son construidos en los bastidores de nuestra mente, el fenómeno RAM archivará esos pensamientos como ventanas *killer* o traumáticas y ya no podrán ser borrados.

Es muy fácil acumular basura en nuestra corteza cerebral. Y eso no lo sabíamos, puesto que dichas áreas no eran estudiadas. Quien tiene un Yo que se comporta como un espectador pasivo de la película de su mente comete un crimen contra su salud emocional. Todas las escuelas del mundo deberían preparar a sus alumnos para tener un Yo bien formado, bien resuelto, que proteja a la emoción, que filtre los estímulos estresantes, que administre la ansiedad, que se ponga en el lugar de los demás, que se atreva, que se reinvente. Pero ¿dónde están esas escuelas?

Ya existen. Por fortuna, más de dos centenares de miles de alumnos ya están aprendiendo esas herramientas con el programa de la Escuela de la Inteligencia.* La educación tiene esperanza, pero debe cambiar sus paradigmas.

Si no se forma el Yo para ser líder de sí mismo, el ser humano no se prepara para navegar en las aguas de la administración de la emoción, desarrollar las habilidades socioemocionales y sobrevivir a las trampas de la mente. Es necesario trabajar cuatro puntos para tener una buena administración de la emoción:

* Para más información, visite: www.escoladainteligencia.com.br.

1. *Desarrollar el pensamiento lógico contra domesticar a los fantasmas mentales*

Las escuelas estimulan el arte de la duda y de la crítica para elaborar el raciocinio lógico, pero no enseñan a los alumnos a dudar de las falsas creencias ni a criticar las creencias limitantes, como: "Tengo baja autoestima y no logro superarme". "No tengo la capacidad para reinventarme." "Nací tímido y así voy a morir." ¿La consecuencia? Ellos serán asfixiados por sus fantasmas mentales. Se perpetuarán los celos, las fobias, las obsesiones, el sufrimiento por el futuro, el rumiar constante de las pérdidas y frustraciones, las autocobranzas.

Nadie quiere vivir rodeado de basura, pero quien no duda de todo aquello que lo controla y no critica sus desgracias, con frecuencia manda a su Yo al bote de basura de su historia, lo que hará que sea sangrado por sus vampiros emocionales hasta el último suspiro de su vida.

2. *Competencias técnicas contra competencias socioemocionales*

Se pueden enseñar competencias técnicas, como el pensamiento estratégico, programar computadoras, hacer planes de negocio (*business plans*) y hojas de cálculo, pero si los jóvenes no aprenden a pensar antes de reaccionar, a ponerse en el lugar de los demás, a atreverse después de las crisis, a andar por aires nunca antes respirados, a trabajar pérdidas y frustraciones, a encantar a las personas difíciles, en fin, si no desarrollan habilidades socioemocionales, la probabilidad de que enfermen emocionalmente y de que tengan relaciones infelices es enorme. Las relaciones entre padres-hijos, maestros-alumnos, ejecutivos-colaboradores y parejas tienen la probabilidad de comenzar en el cielo del afecto y terminar en el infierno de los conflictos.

Todos toman agua filtrada, tratada o mineral, pero la educación cartesiana no enseña al Yo de los alumnos —incluso de maestría y doctorado— a filtrar los estímulos estresantes. ¿El dolor lo construye, genera ventanas *light* o saludables, o bien lo destruye al generar ventanas *killer* o traumáticas? Sin saber cómo proteger la emoción, el dolor nos destruirá, sea cual fuere. Saber qué hacer con los fracasos, las crisis, los vejámenes, los conflictos, el miedo a la pérdida es algo mucho más poderoso para formar un líder que sólo dejarlo lidiar con los éxitos.

3. *Administrar empresas contra administrar la mente*

Se puede aprender a operar aeronaves y empresas, pero si el individuo no aprende a administrar la empresa "mente" no sabrá administrar la ansiedad, no controlará el estrés, en fin, no logrará operar con madurez el vehículo de la emoción. En ese caso, es casi imposible no perder el autocontrol con frecuencia. Es casi inviable superar la necesidad neurótica de controlar a los demás o de esconderse cuando se está presionado.

Quien no sabe compartir sus lágrimas
y sus pérdidas, no irrigará al amor inteligente.
Los celos son egoístas, no saben compartir;
el amor inteligente comparte, vive las
matemáticas de la emoción. Los celos son
egocéntricos, quieren que el otro gire en torno
a su órbita; el amor inteligente fomenta
las propias órbitas.

Las personas que no aprendieron a administrar su mente se "romperán el cerebro" pensando en forma acelerada, agotarán sus energías con facilidad. Como consecuencia, sufrirán dolores de cabeza y musculares, despertarán fatigadas, estarán impacientes, no tolerarán convivir con personas lentas. Desearán que su pareja tenga el mismo ritmo frenético y ansioso de vivir, lo que hará que uno anule o sabotee al otro. Se volverán frustradas como profesionistas y como amantes.

4. *Matemáticas numéricas contra matemáticas*
de la emoción

Se pueden aprender los secretos de las matemáticas numéricas, por ejemplo, que dividir significa, invariablemente, minimizar, pero si las personas no aprenden los secretos de las matemáticas de la emoción, en las cuales dividir es aumentar, no podrán prevenir los celos. Quien no sabe dividir o compartir sus lágrimas y sus pérdidas no irrigará al amor inteligente. Los celos son egoístas, no saben compartir; el amor inteligente comparte, vive las matemáticas de la emoción. Los celos son egocéntricos, quieren que el otro gire en torno a su órbita; el amor inteligente fomenta las propias órbitas.

Quien no aprenda las reglas ilógicas de las matemáticas de la emoción no sabrá trabajar en equipo, no reconocerá ni promoverá las conquistas de sus compañeros, evitará relacionarse con quien sobresalga. Los celos profesionales son terribles. Quien necesita un exceso de atención es profundamente carente, rara vez se alegra con el éxito ajeno.

LA TESIS BELLA E INGENUA DE VINICIUS DE MORAES

Todos esos ejemplos revelan que faltó equipar al Yo como administrador de la mente humana, aprender el arte del desprendimiento, de desarmarse, de romper la cárcel de las trampas mentales para saber que nadie es de nadie. Por desgracia, los grandes pensadores de la humanidad no tuvieron la oportunidad de estudiar esa área. Freud, Piaget, Skinner, Kant, Sartre, san Agustín y miles de otros notables pensadores no entendieron que, sin administración de la emoción, el cielo y el infierno emocional están muy próximos. No se enferma sólo por haber tenido traumas y privaciones en la infancia, como siempre se pensó con ingenuidad, sino también si el Yo no aprende su papel vital como administrador del vehículo mental.

No basta amar con la emoción. Para ser sustentable, una relación debe tener un amor inteligente. Quien ama apenas con emoción tendrá un amor circunstancial, intolerante a las frustraciones, que se agotará con rapidez. Es necesario amar con dosis de inteligencia.

No basta amar con la emoción. Para ser sustentable, una relación debe tener un amor inteligente. Si amamos sólo con emoción, viviremos la tesis de Vinicius de Moraes: "Que no sea inmortal, puesto que es flama, pero que sea infinito mientras dure". Una bella tesis, pero que tiene una propuesta emocional ingenua. No hay duda de que el amor humano es finito y salpicado de condiciones. Quien ama sólo con emoción tendrá un amor circunstancial, intolerante a las frustraciones, que se agotará con rapidez. Es necesario amar con dosis de inteligencia.

Al comienzo de la relación, cuando las llamaradas del amor/emoción están altas, se enfrenta con la mejor disposición a las tempestades emocionales, a las crisis sociales, a las dificultades financieras y hasta a un posible malhumor de la suegra o del suegro. Sin embargo, cuando las llamas disminuyen, las fricciones gritan más fuerte, las acusaciones alzan el vuelo, las críticas superan a la tolerancia, formando ventanas traumáticas que poco a poco asfixian al amor/emoción.

Pero cuando se ama con dosis generosas de inteligencia, que es la propuesta de la administración de la emoción, cambia el paradigma: que el amor sea infinito mientras se cultive.

Cultivar el amor es sembrar ventanas *light* en quien se ama. Es provocar al fenómeno RAM para construir un jardín en la memoria de las personas con quienes convivimos. ¿Cómo? Elogiando más y criticando menos, abrazando más y cobrando menos, encantando más y siendo menos aburrido. Es preguntar: "¿En qué me equivoqué y no me di cuenta?". "¿Qué puedo hacer para irrigar tus sueños?" "¿Cómo puedo hacerte más feliz?"

Una persona celosa puede ser agradable, pero rara vez será admirable. Las parejas agradables pueden ser muy buenas en la cama pero tener una convivencia difícil, sin poder respetar la opinión del otro, diferir de forma inteligente y contribuir mutuamente.

Ningún romance se inicia si los integrantes no fueron, como mínimo, agradables uno para el otro; pero el amor inteligente necesita que haya más agrado, más admiración. El amor no es sustentable sin admiración. Una persona agradable puede tener dificultad para reconocer sus errores cuando es cuestionada, pero una persona admirable supera la necesidad neurótica de siempre tener razón. Una persona agradable puede reaccionar por el fenómeno acción-reacción, tener un bajo umbral a las frustraciones, mientras que una persona admirable es paciente, se entrega más y disminuye la expectativa de retorno, tiene pasión por la tolerancia. La admiración se adquiere cuando se da un hombro para llorar y el otro para apoyar.

Las personas agradables viven el amor mientras dura; en cambio, las personas admirables arrojan combustible en las delicadas llamas del amor.

Una persona celosa puede ser agradable, pero rara vez será admirable, pues no desarrolló las habilidades para ser administradora de su propia emoción. Las parejas agradables pueden ser muy buenas en la cama pero tener una convivencia difícil, sin poder respetar la opinión del otro, divergir de forma inteligente y contribuir mutuamente. Quieren ganar la pelea, y no conquistarse uno al otro. En ausencia de focos de tensión, viven en el cielo del afecto, pero cuando son contrariadas cierran el circuito de la memoria, no razonan, viven en un infierno emocional.

No hay ninguna garantía de que los romances que comienzan bien vayan a terminar bien, que las relaciones saturadas de besos y caricias no terminarán en bofetadas emocionales. Sin admiración, con el tiempo las parejas se vuelven malas, críticas, presionan y acusan. Son incapaces de reírse de su propia estupidez, llevan la vida a hierro y fuego, no juegan, no se relajan. Sin admiración, el romance no es inteligente; está cargado de emoción, pero vacío de sabiduría.

Las personas agradables viven el amor mientras dura; en cambio, las personas admirables arrojan combustible en las delicadas llamas del amor.

3

Los celos enfermizos: *stalker*, el acosador

Celos: una palabra pequeña, un virus poderoso

*C*elos es una palabra pequeña, pero su poder es viral. Su significado psiquiátrico y psicológico es gigantesco, y sus consecuencias sociológicas pueden ser letales. Claro, existen unos celos aceptables, soportables, inofensivos, pero ningún tipo de celos es saludable, en especial si implica controlar al otro. Querer la presencia del otro es saludable, pero exigirla es nocivo; procurar hacer cosas juntos adereza la relación, pero no alegrarse sin la presencia del otro es enfermizo. Amar la presencia de la pareja es riquísimo, pero reclamar su atención exclusiva es aprisionador. Los celos aceptables no arden en cobranzas, ya que los celos fatales asfixian a quien ama, castigan a quien falla. Los celos aceptables son tolerantes, permiten reírse de sus exageraciones; los celos enfermizos llevan la vida a hierro y fuego, son radicales. Los celos aceptables son ligeros como la niebla; los celos enfermizos son pesados como las tempestades. Los celos aceptables no bloquean los sueños; los celos fatales tienen miedo del crecimiento del otro.

Querer la presencia del otro es saludable,
pero exigirla es nocivo: procurar hacer cosas
juntos adereza la relación, pero no alegrarse
sin la presencia del otro es enfermizo. Amar
la presencia de la pareja es riquísimo, pero
reclamar su atención exclusiva es aprisionador.

A diferencia de los celos, el amor saludable pide atención, pero no controla; solicita cariño, pero no sofoca; da mil abrazos, pero no sujeta; ruega para ser notado, pero lo hace en silencio, no cobrando.

Stalking: los celos fatales

S.J. era un joven abogado de veintiocho años, y su novia, una enfermera, dos años más joven. Eran una bella pareja por fuera, pero enferma por dentro. Víctima de un complejo de inferioridad, S.J. no aceptaba que su novia fuera un ser humano libre, sociable, amigable. En vez de apoyarla, S.J. comenzó a ser ensombrecido por el fantasma de la pérdida. Cobraba la atención, exigía elogios, presionaba para recibir dedicación absoluta. No quería ser su amante, quería ser su dios. La llamaba cinco veces al día para saber dónde estaba y lo que hacía. No era protector, era un verdugo emocional.

> *A diferencia de los celos, el amor saludable pide atención, pero no controla; solicita cariño, pero no sofoca; da mil abrazos, pero no sujeta; ruega para ser notado, pero lo hace en silencio, no cobrando.*

Ella se sometió a este régimen controlador. Pensaba que él actuaba así porque la amaba mucho. Pero, con el tiempo, la relación se fue haciendo insoportable. Si ella no le daba la atención esperada, el mundo de él se desmoronaba. Angustiada, ella perdió el encanto. Asfixiada, carente del placer de vivir, quería volver a ser una mujer libre, respetada. Decidió romper los grilletes de la esclavitud.

Pensaba que se había librado de él pero, como miles de mujeres, comenzó a vivir un fenómeno socioemocional cruel, muy común y poco divulgado, el *stalking*: una persecución implacable de forma pertinaz y obsesiva. S. J. empezó a llamarla con insistencia, a vigilar sus pasos, a presionarla para que volvieran. También usaba internet —correos electrónicos y redes sociales— para monitorearla, lo que caracteriza al *cyberstalking*, o ciberacoso. La vida de la joven enfermera se convirtió en un infierno.

En Estados Unidos, más de quinientas mil personas al año sufren por las garras de los *stalkers*, como se llama a los acosadores. Terminada la relación, ellos no soportan la separación y, como un rey que hubiera sido destronado, quieren volver al trono, hacer una súbdita de su ex. La llaman mil veces, observan su comportamiento, quieren controlar sus relaciones, sus amistades, respirar su aire.

Durante el noviazgo, la enfermera se sometió al cruel control de su novio, contribuyendo a que él se transformara en un *stalker*. Él quería ser el mejor amante del mundo, pero acabó convirtiéndose en un victimario. Decía que se preocupaba por ella, pero la vigilaba día y noche. Hizo que ambos se enfermaran. Era un hombre infeliz que hacía infeliz a una mujer. Era un caso psiquiátrico y jurídico, pues estaba cometiendo un delito. Ella ya no lo veía como su exnovio, sino como un verdugo.

Por fortuna, antes de que el caso cobrara volumen él, como abogado que era, se detuvo a reflexionar sobre su comportamiento. Deprimido y sintiéndose el último de los seres humanos, buscó ayuda. En el consultorio, tuvo que aprender a sumergirse sin miedo dentro de sí mismo. "Compró" valor para identificar sus fantasmas mentales. Tuvo que encarar sus locuras, enfrentar a los vampiros que lo sangraban y agotaban el planeta emoción, tanto de él como de ella. Se dio cuenta de que lo que sentía no era saludable, sino una dependencia enfermiza. Entendió que no la amaba, sólo quería controlarla.

Poco a poco, se convirtió en director del *guion* de su propia historia. Pero eso ocurrió sólo cuando comprendió y aplicó algunas de las herramientas más importantes de administración de la emoción, herramientas que podrían hacer que la famosa y tan poco comprendida "felicidad" saliera de las páginas de los diccionarios y entrara en las páginas de la personalidad:

1. *Nadie debe relacionarse con otra persona para ser feliz, sino para ser* más *feliz*

Una persona mal resuelta no resolverá su infelicidad relacionándose con otra persona. Tiene que resolverse primero para ser completa y completar a quien ama. Depositar la esperanza de ser feliz exclusivamente en el otro es creer en un delirio.

Existen millones de personas que dicen: "El día en que encuentre a alguien que me ame, seré feliz". Menudo engaño. Quien no aprende a enamorar a su propia vida, a relajarse, a cobrarse menos, a soñar, a ser eternamente joven y a hacer de la vida un espectáculo, no tendrá un noviazgo ni un matrimonio espectaculares. Podrá transformarlos en un desierto, aun cuando en los primeros meses viva en un oasis.

Claro, las parejas deben ayudarse mutuamente, darse valor uno al otro, dar apoyo, soporte, un hombro para llorar, pero no deben ser psiquiatras o psicólogos las veinticuatro horas del día. No hay bombero emocional que soporte apagar el fuego de su pareja todos los días. Quien tiene problemas emocionales debe ser humilde, honesto consigo mismo y buscar ayuda; debe aliviar a quien ama, no sobrecargarlo.

*Quien tiene problemas emocionales debe ser
humilde, honesto consigo mismo y buscar
ayuda; debe aliviar a quien ama,
no sobrecargarlo.*

---

2. Si no me quiere, tengo quien me quiera

No piense que los celos son un fenómeno intelecto-emocional simple; son de una complejidad indescriptible. Quien tiene celos intensos funde dos mundos, el suyo y el de quien ama: "Yo soy el otro; perderlo es perderme, compartirlo es fragmentarme". Una tesis socioemocional sofisticadísima, pero enfermiza.

Los celos son tan complejos como ilógicos. Las computadoras jamás los experimentarán. Pobres máquinas, aun cuando tengan inteligencia artificial, que se confunde con la humana, aunque en apariencia decidan o se autocorrijan, jamás tendrán consciencia existencial, jamás tendrán emoción ni sentirán el dolor de la pérdida. Aunque tenga un lado angustiante, el dolor representa una sofisticación de las construcciones intelectuales y emocionales que la inteligencia artificial jamás conquistará.

Usted puede ser abandonado, pero jamás debe abandonarse a sí mismo; puede ser rechazado, pero jamás debe excluirse; puede ser puesto al margen de la historia de alguien, pero no debe dejarse de poner en el centro de su propia historia. Para eso, debería vivir la tesis de Nátila cuando Petrus Logus[*] la rechazó: si no me quiere, tengo quien me quiera... ¡yo me quiero! Si no me ama, tengo quien me ame, ¡yo enamoraré a mi vida! Tú me sumas, pero no me sustituyes, pues si me sustituyes estaré muerta, aun estando viva.

Reitero que todas las mujeres deberían ser emocionalmente saludables como Nátila: ella entendió que el verdadero amor no anula al otro, sino que lo promueve, y que la dependencia enfermiza es un suicidio emocional.

El amor sustentable requiere autonomía. Depender del humor, de la atención, del ánimo, del regreso del otro para ser feliz, es construir una relación catastrófica. Es dificilísimo explicar el amor inteligente, pues está basado en una "independencia agradablemente dependiente, en una complicidad que completa a la pareja".

Ésta debería ser la carta de amor de quienes viven un amor inteligente:

Puedo vivir sin ti, pero sin tu presencia mi cielo tiene pocas estrellas. Puedo cultivar flores sin ti, pero sin tu presencia mi jardín es menos perfumado. Sin ti soy sólo un instrumento solitario, pero contigo formo una pequeña orquesta, mi sentido de la vida gana estatura, mi historia gana profundidad. Contigo, mis lágrimas son aliviadas, mis sueños alzan el vuelo. Gracias por existir y ser mi complemento.

[*] Referencia al personaje de la serie *Petrus Logus*, de Augusto Cury.

3. El amor entrega mucho y cobra poco

Nada es tan bello como entregarse sin cobrar, besar sin hacer exigencias, extender las manos sin apretar la del otro lastimándolo. Nada produce más seguridad en la relación que tener autoconfianza en los propios valores. Quien conoce su grandeza no tiene miedo de dejar que el otro se marche. La mejor manera de hacer que la pareja se quede es dejar la puerta abierta para que se vaya. Las raíces de la emoción se profundizan y se agradecen. El amor gana estatura.

> *Quien conoce su grandeza no tiene miedo de dejar que el otro se marche. La mejor manera de hacer que la pareja se quede es dejar la puerta abierta para que se vaya. Las raíces de la emoción se profundizan y se agradecen. El amor gana estatura.*

Los celos enfermizos arden en cobranzas, no soportan ser contrariados, no admiten frustraciones. Los celos enfermizos no saben pedir, son especialistas en exigir y presionar. Los celos enfermizos consumen el oxígeno de quien los tiene o de la persona con quien se relaciona. Los celos enfermizos absorben energía emocional, son especialistas en agotar su cerebro y el del otro. Los celos enfermizos creen firmemente que el control trae seguridad, que las exigencias fortalecen los lazos, que querer estar juntos a cada momento eterniza la relación.

Trampas mentales

Los conflictos entre parejas son tan comunes y graves que es importante recordar que, desde la perspectiva de la administración de la emoción, una de las claves más importantes para tener relaciones inteligentes es entregarse sin pedir nada a cambio. Por otro lado, una de las trampas más envolventes es entregarse esperando una retribución excesiva. Jamás debemos olvidar que los celos destruyen primero a su huésped, para después destruir al otro. No es posible ser emocionalmente saludable estando bajo el control de los celos. No es posible ser mentalmente libre y feliz bajo la cárcel de las cobranzas. Quien cobra de más es apto para trabajar en una financiera, pero no para tener una bella historia de amor.

4

Parejas en combate: el coliseo emocional

Los celos en las relaciones conyugales: construyendo coliseos

A muchos seres humanos les gusta pelear, son especialistas en criticar, en mostrar las incoherencias, las ineficiencias y la lentitud de los demás, sea de su pareja, de su hijo o de un colaborador. No sólo las drogas envician; señalar las fallas y causar conflictos, también. Su casa y su trabajo no son un jardín, sino un coliseo donde las personas siempre están combatiendo como gladiadores.

¿Usted construye coliseos en su casa y en su trabajo, o es un especialista en abrazar y desarmar a las personas? ¿Primero busca conquistar el territorio de la emoción para sólo después adentrarse en el de la razón, o es un tractor que pasa por encima de las dificultades ajenas? Por desgracia, muchas parejas, padres, maestros, ejecutivos, cometen errores más graves al corregir a quien se equivoca que el error original en sí. Son promotores de conflictos, y no solucionadores pacíficos de problemas.

Quien conquista el territorio de la emoción, quien es generoso y paciente, acciona el fenómeno RAM para dibujar en los suelos de la memoria una imagen solemne. Puede ser pequeño y humilde por fuera, pero será gigantesco por dentro. Será amado y escuchado, sus palabras podrán ser suaves y aun así causarán impacto, pues construyó ventanas *light* que les hacen eco.

Por otro lado, si usted necesita elevar el tono de voz para ser escuchado, o presionar a las personas para que le respeten, tenga la seguridad de que usted podrá ser grande por fuera, pero será pequeño dentro de quien ama. Podrá tener éxito exterior, pero fracasará en el único lugar donde todos deberíamos tener éxito siempre.

LOS CELOS LIGEROS Y LOS CELOS ENFERMIZOS

El ser humano no es sólo cartesiano, lógico o racional, sino también es marcadamente emocional. El planeta emoción nos vuelve complejos en extremo, con necesidades especiales, ilógicas, incomprensibles y, a veces, incontrolables. Quien ama tiene un polo de atracción, rompe barreras, acorta las distancias. El amor implica el deseo de aproximación y, si el deseo no fuera correspondido, hay incomodidad por la ausencia de quien se ama. Las expectativas no correspondidas generan nostalgia, pensamientos estratégicos para aproximarse y conquistar o formas crueles de celos.

¿Quien ama tiene celos? Si consideramos a los celos como la búsqueda de aproximación, ¡entonces sí! Pero los celos como miedo a la pérdida, necesidad de control, cobranzas y atención exagerada son una desviación enfermiza de esa necesidad de aproximación.

Existen, sin embargo, los celos ligeros, autocontrolados, inofensivos, lo opuesto de la indiferencia. No obstante, están los celos crueles, controladores, asfixiantes y egocéntricos.

Causas de los celos enfermizos y egoístas

Bajo el ángulo de la administración de la emoción y del funcionamiento de la mente, las causas de los celos enfermizos y egoístas son complejas, aunque mucho más comunes de lo que uno se imagina:

1. *Los celos son una ineficiencia del Yo como administrador de la mente humana*

Los celos enfermizos son un defecto de la formación de la personalidad, en especial del Yo como administrador de la mente humana. El Yo representa la capacidad de elección, pero, en las crisis de celos, hace elecciones pésimas. El Yo representa la identidad, pero, en las crisis de celos, pierde su autocrítica. El Yo representa la capacidad de autonomía, pero, en los ataques de celos, pierde la libertad de dirigir su propio *guion*, es dirigido por sus fantasmas mentales, elige ser esclavo del otro, vende su paz y su salud emocional por un precio irrisorio.

Una persona celosa puede pilotear aeronaves, autos, empresas, pero no logra pilotear su mente en los focos de tensión. No es líder de sí misma, es un vehículo a alta velocidad que, desgobernado, es fácilmente propenso a los accidentes. No es sin razón que las personas que sufren crisis de celos hacen escándalo, aunque sean intelectuales: exageran, se humillan, humillan al otro, presionan, suplican atención.

Quien se siente amenazado, fragilizado, vive en función del miedo de perder. Y el miedo de perder genera la necesidad de controlar a quien ama, sea su novio, marido, esposa o hasta hijos y amigos. El miedo de perder lleva al fenómeno RAM a generar ventanas *killer* o traumáticas, que aumentan todavía más los niveles de inseguridad de quien tiene crisis de celos. Quien tiene celos pierde al otro con más facilidad, pero lo peor de todo es que se pierde a sí mismo, en especial su seguridad y su dignidad.

2. *Los celos son una usura neurótica de la emoción*

Los celos son los más atroces agiotistas de la emoción. El término *agiotista* es muy conocido en el mundo capitalista; el agiotista o usurero presta su dinero, parece tan dispuesto y gentil a la hora de hacerlo, pero los intereses que cobra son exorbitantes. En algunos casos, impagables. Una persona celosa puede compararse con un agiotista, sólo que, en ese caso, de la emoción. Presta su tiempo, y después cobra caro a quien ama. Da su cariño, pero extorsiona al otro, cobra un cariño diez veces mayor que aquel que "prestó". Da su atención, pero después exige atención exclusiva.

Es claro que cuando damos esperamos retribución, aunque ésta debe ser espontánea. Un compañero debería elogiar, inspirar y encantar a su compañera, observar qué le gusta; si lo hace con madurez, la retribución ocurrirá sin presiones, y viceversa. Una compañera que es gentil, preocupada por irrigar el amor de su compañero, debería recibir de vuelta el afecto y la dedicación de él. Sin embargo, esa contrapartida no debe ser exigida. Cuanto más se presiona, más se aparta el otro, pues la relación deja de ser irrigada a placer y pasa a ser dirigida por el estrés.

Una persona celosa puede compararse con un agiotista, sólo que, en ese caso, de la emoción. Presta su tiempo, y después cobra caro a quien ama. Da su cariño, pero extorsiona al otro, cobra un cariño diez veces mayor que aquel que "prestó". Da su atención, pero después exige atención exclusiva.

Lo mismo ocurre cuando los padres están perdiendo a sus hijos por las drogas o por el alcohol. El miedo a la pérdida acelera la pérdida. Al ver que los hijos recaen, los padres se dirigen hacia un ataque mayor. Al sentir que los hijos les mienten, los ametrallan con críticas. Al notar que no cumplen su palabra, quieren "operarles el cerebro" con palabras

agresivas: "¡Eres un irresponsable! ¡Sólo me decepcionas!".
Hay padres académicamente cultos, pero incultos en cuanto a la administración de la emoción; se descontrolan tanto en momentos de estrés que profieren declaraciones inimaginables a sus hijos como: "¡Eres un delincuente!". Van hasta las últimas consecuencias para intentar ayudarlos, pero sólo empeoran las cosas. Los hijos son dependientes de las drogas, y los padres, dependientes de las críticas. Ambos están enviciados.[*]

La emoción de un ser humano celoso fluctúa intensa y descontroladamente: cuando despierta, puede estar en la primavera emocional, ser gentil, delicado, atento y, en la noche, en el invierno emocional, asestar críticas, acusaciones y cobranzas.

La emoción de un ser humano celoso fluctúa intensa y descontroladamente: cuando despierta, puede estar en la primavera emocional, ser gentil, delicado, atento y, en la noche, en el invierno emocional, asestar críticas, acusaciones y cobranzas.

[*] El doctor Cury creó el Hotel Gestão da Emoção (Hotel Administración de la Emoción), una comunidad terapéutica que usa su metodología para ayudar en el proceso de tratamiento de la dependencia a las drogas, alcohol y demás trastornos emocionales. Vea más información en la página 133.

Una persona celosa debería tener dosis generosas de inteligencia, no de irracionalidad. Al darse cuenta de que la presión no funciona, debería cambiar la estrategia, retirar de la escena las leyes de la cobranza, hablar menos y encantar más. Pero, por desgracia, ocurre lo contrario. Cuando las cobranzas no funcionan, el tono de voz se eleva; cuando no es escuchado, más usa la ametralladora de las críticas. Si no aprendemos a cautivar al otro, a sorprenderlo, a motivarlo, acabaremos por herirlo mucho sin extraer una gota de sangre.

El amor se asfixia no sólo por las cobranzas; en las arenas de la crítica, el amor se desarticula; donde hay presión excesiva de retribución, el amor se empequeñece. El amor nace en el suelo de la libertad y crece en el terreno de la confianza.

3. *Los celos son una carencia afectiva: una necesidad neurótica de atención*

En el transcurso de la formación de nuestra personalidad, construimos núcleos traumáticos en la corteza cerebral, representados por un conjunto de miles de ventanas o archivos enfermizos que promueven las más diversas características. El *bullying* en la escuela, las pérdidas y las privaciones en la infancia son promotores de esos núcleos. También los genera una educación que no cuida la enseñanza socioemocional. Los padres y maestros que comparan a sus hijos y alumnos unos con otros son intolerantes a las frustraciones, especialistas en criticar y reprender, que no saben elogiar cada acierto, pueden contribuir, sin saberlo, a la formación de la timidez, de la inseguridad, de la baja autoestima, del complejo de inferioridad.

Una persona celosa, aunque sea culta y elocuente, no se gusta lo bastante como para ser independiente. Necesita del otro para respirar autoestima, para oxigenar su autoimagen.

Toda persona celosa tiene núcleos traumáticos en su historia. Es carente desde el punto de vista emocional, tiene un "agujero negro", semejante a los que existen en el universo: no convive en armonía en sus relaciones interpersonales, absorbe todo a su alrededor. Por el hecho de no estar bien resuelta emocionalmente, no sentirse importante ni tener consciencia de su valor, su sed de atención es insaciable. Está siempre en busca de más y más atención. Hoy está alegre; mañana, deprimida. Todo lo que se hace por ella es insuficiente, pues el problema no está en el otro, sino dentro de ella misma.

Una persona celosa, aunque sea culta y elocuente, no se gusta lo bastante como para ser independiente. Necesita del otro para respirar autoestima, para oxigenar su autoimagen. Sin el otro, su existencia emocional es un cielo sin estrellas, una cama sin sábanas, un camino sin senda.

Quien tiene celos excesivos, con frecuencia no interioriza lo bastante para tener un romance con su propia historia. Logra señalar las fallas del otro, pero no detecta el agujero en su personalidad. Exige que el otro lo valore, pero él se valora en forma miserable, se da migajas de atención a sí mismo. Ninguna respuesta será capaz de aquietar a una persona con carencias emocionales. Una persona mal resuelta emocionalmente siempre tendrá una relación mal solucionada.

Un romance saludable comienza desarrollando un romance con uno mismo. Usted debe contemplarse como una persona increíble, a pesar de sus defectos, para después apostar en el otro y tener un romance inteligente y sustentable.

Si una persona educa a su Yo para aprender a quererse, a valorarse, a tener un caso de amor con su historia y un romance con su salud emocional, sus relaciones serán cada vez más saludables. Si no tiene placer consigo mismo, ¿cómo tendrá placer con su pareja? Si no sabe aplaudirse, ¿cómo aplaudirá a quien eligió para vivir a su lado? Si no tiene sueños burbujeantes, ¿cómo alentará a soñar a la persona con quien convive?

En mis conferencias y programas de administración de la emoción, siempre comento con los participantes que un amor sustentable requiere que una persona, antes de enamorar a alguien, aprenda a enamorarse a sí misma; en caso contrario, será un vehículo emocional sin dirección que atropellará a los demás. ¿Usted se enamora a sí mismo o vive sufriendo por anticipación? ¿Usted vive con suavidad o vive cobrándose a sí mismo? Piense en esto: es fácil decir que tenemos una autoestima elevada, cuando en realidad somos verdugos de nosotros mismos.

Un romance saludable comienza desarrollando un romance con uno mismo. Usted debe contemplarse como una persona increíble, a pesar de sus defectos, para después apostar en el otro y tener un romance inteligente y sustentable.

4. Los celos son una necesidad neurótica de controlar al otro

El deseo de controlar a los demás —esposa, marido, hijos, compañeros de trabajo— es una necesidad neurótica y, por lo tanto, excesiva y enfermiza. Es posible ser un dictador viviendo en una sociedad democrática, y esa dictadura se expresa en el deseo de que todo el mundo tenga el mismo razonamiento, reacción, actitudes, velocidad para la resolución de problemas, expectativas correspondidas. Tales personas son tiránicas.

Las personas libres forman personas libres. Una persona libre no se queda mirando al cielo esperando a que llegue la muerte diciendo: "¡Oh, cielos, qué vida tan difícil!". No gasta energía inútil reclamando, sino construyendo. Tiene hambre y sed de vivir, tiene proyectos de vida, está motivada, es emocionalmente inspiradora, motivadora, excitante. No controla; libera a las personas con las cuales convive. Quien es pesimista, mórbido, negativo, conformista, tiene grandes probabilidades de absorber a las personas a las que dice amar.

El complejo de inferioridad es la minimización de uno mismo y la sobrevaloración del otro. Cada vez que alguien subestima su grandeza y maximiza la del compañero, surgen problemas en la relación. Quien se minimiza mientras que sobrevalora al otro, lo sofoca. Quien piensa que no tiene brillo, se incomoda con quien brilla a su alrededor. Claro que hay excepciones, pero debemos estar atentos, pues ese fenómeno es muy común.

Muchas parejas que comienzan una relación llena de amor pueden terminarla saturada de peleas e intrigas. Si no tienen un romance inteligente, en el cual uno invierte en el otro y aplaude el éxito del otro, los fantasmas mentales, como el complejo de inferioridad, la timidez y la baja autoestima, podrán aflorar y asfixiar el éxito del otro, generando la necesidad de controlarlo.

Una joven tenía muchos celos de su marido, un inglés que era un notable jugador de futbol americano. Sin embargo, ella no confesaba sus celos, no asumía que tenía miedo de perderlo. No domesticaba sus fantasmas mentales, y sus reacciones subliminales evidenciaban que no sólo tenía celos de él, sino también de su éxito. Siempre lo hacía menos cuando él salía en la prensa o cerraba un gran contrato. Ni siquiera le aplaudía cuando ganaba un partido. Su complejo de inferioridad era tan grande que necesitaba minimizarlo para tenerlo en sus redes. Él se puso tan enfermo que tenía miedo de perderla, y por fin no lo soportó. Ese tipo de relación no es amor, sino un cementerio de romances.

Exaltar las pequeñas conquistas de la persona con quien se eligió vivir tiene mayor valor para la sustentabilidad del amor que dar regalos carísimos a quien se ama.

Quien no se ama puede incluso aplaudir a su compañero en el escenario, pero lo sabotea tras bastidores, tiene actitudes que minimizan su esfuerzo. Quien no se ama es rápido para señalar fallas, pero lento en exaltar. Un amor sustentable e inteligente debe prevenirse contra todas las formas de sabotaje, debe impulsar los sueños o proyectos de quien ama. Debe entrenarse para alegrarse, incluso de las pequeñas conquistas.

Tales actitudes accionan el fenómeno inconsciente que registra las experiencias en la corteza cerebral (RAM), formando notables zonas socioemocionales en la memoria, que se expresan por núcleos de ventanas *light* que financian la afectividad, el preámbulo y la continuidad de la relación, generando el placer de estar juntos.

Exaltar las pequeñas conquistas de la persona con quien se eligió vivir —incluso en los momentos en que expresa paciencia, resiliencia, coraje— tiene mayor valor para la sustentabilidad del amor que dar regalos carísimos a quien se ama. Los regalos caros pueden ser una forma de controlar al otro, controlar "por lo que tengo, no por lo que soy".

No estoy diciendo, de ninguna manera, que se eliminen los regalos de cumpleaños, del día de los enamorados o del aniversario de matrimonio; sólo estoy afirmando que estoy convencido de que, bajo el ángulo del sofisticadísimo programa de administración de la emoción, lo mejor que usted puede dar a quien ama es a usted mismo. En mi experiencia como psiquiatra y psicoterapeuta, aprendí que la mayor falla de la ecuación emocional entre parejas no es la falta de contenido para encantar al otro, sino la dificultad de vender bien su imagen. La irritabilidad, la impulsividad, las críticas excesivas, la intolerancia, las manías, la rutina aplastante, todo eso va en contra de su imagen. Muchos amantes son bellos "productos" con un pésimo embalaje conductual.

5. *Los celos son una necesidad neurótica y egocéntrica de no saber compartir*

Ser altruista, solidario, generoso, sentir placer al contribuir al bienestar de los demás, alegrarse con el placer ajeno son características muy nobles de una mente saludable y deberían ser aprendidas en forma temprana.

Se puede enseñar a los alumnos todas las materias clásicas y llevarlos a tener un cien por ciento de aprovechamiento, pero si ellos no aprenden a pensar antes de reaccionar, a ponerse en el lugar del otro y a procurar dar lo mejor de sí mismos para hacer felices a los demás, podrán transformarse en personas egocéntricas, individualistas, radicales y emocionalmente enfermas. Pensando en eso, desarrollé

el Programa Escuela de la Inteligencia,* dirigido a desarrollar las habilidades socioemocionales de niños y adolescentes, y que debe entrar en el programa de estudios, una clase
por semana.

Cuando fallamos en nuestra misión de generar altruis-
mo, solidaridad y tolerancia a las frustraciones en la personalidad de nuestros hijos y alumnos, surgen las necesidades
neuróticas. Reitero una vez más: dichas necesidades son
deseos exagerados, enfermizos, bloqueadores. El consu-
mismo, el autoritarismo, el conformismo, la dificultad de
reconocer los errores, el deseo de ser el centro de atención
y de querer todo rápido y pronto, son necesidades neuróticas que destruyen el futuro emocional y profesional y las
relaciones interpersonales de millones de personas.

Los celos son una necesidad neurótica y egocéntrica de
no saber compartir sentimientos, intercambiar experiencias, entregarse socialmente. Los celos conducen a una
persona a atender sus necesidades en primer lugar. Aun
cuando piensa que lo está haciendo para proteger al otro,
sea su hijo, esposa, marido, novio, lo hace de manera equivocada, individualista, invasiva de la privacidad. Quien es
celoso piensa primero en sí mismo, aunque no se dé cuenta de eso.

La creencia de que con actitudes celosas, controladoras
y presiones se asegura la relación es por completo infantil.

---

* Los padres, maestros y gestores educacionales que quieran intro-
ducir el Programa Escuela de la Inteligencia en la escuela de sus
hijos y alumnos, visiten el sitio: www.escoladainteligencia.com.br

Al contrario, se pierde a quien se ama con mucha facilidad. Aunque no lo pierda físicamente, lo perderá emocionalmente.

Una de las variantes del egocentrismo es la indiferencia. Hay hombres tan egocéntricos que son insensibles, por completo diferentes de como eran al principio de la relación. Hay mujeres que dicen: "Cuando comenzamos, él era tan gentil, amable, generoso, y hoy es un pozo de egoísmo, parece otro hombre, sólo piensa en sí mismo, sólo se preocupa por su bienestar".

Por desgracia, ese tipo de egocentrismo es muy común. Esos hombres creen que el juego del amor está ganado. Llegan a casa y, en vez de preguntar a su esposa cómo fue su día o hacer un pequeño elogio, encienden el televisor y se tiran en el sofá. Son apóstoles de la indiferencia, aptos para ser directores de una empresa o profesionistas independientes, pero no para tener un romance pleno y saludable.

Los celos son una necesidad neurótica
y egocéntrica de no saber compartir
sentimientos, intercambiar experiencias,
entregarse socialmente. Quien es celoso
piensa primero en sí mismo, aunque no
se dé cuenta de eso.

El amor es una planta delicada que exige nutrientes y agua todos los días. Los individuos que poseen un amor inteligente procuran irrigar a su compañero, tener el placer de dar lo mejor de sí mismos a quien aman. Y lo mejor de sí mismos es ellos mismos. Sin embargo, muchos son tan egoístas que su presencia emocional parece demasiado cara como para estar disponible. Cuando esa indiferencia ocurre en la relación con los hijos, tendremos a los "huérfanos de padres vivos", un crimen educacional.

El amor nace y se desarrolla en el placer de entregarse y compartir. El amor es un intercambio de experiencias, nunca una vía de un solo sentido. Al comienzo de una relación ambos se entregan, ambos se procuran, corren hacia el mismo blanco. Pero, con el tiempo, uno deja de correr o corre en una dirección distinta, y los problemas comienzan a aparecer.

En toda relación afectiva, cuando sólo una de las partes se esfuerza por preservarla, cuando sólo uno comparte lo que piensa y siente, no se sustenta al amor... En un romance saludable, los amantes son cocineros que preparan los nutrientes para compartir entre ambos el banquete del amor.

5

Los celos, la ansiedad y la soledad de la consciencia

La soledad paradójica de la consciencia existencial

C omo comenté en el capítulo 1, mis libros no son de autoayuda, nunca lo fueron; son de divulgación científica, tanto así que son usados en muchas universidades. Por eso, siempre "estreso" a mis lectores con capítulos más complejos. Tenga paciencia consigo y también conmigo si tiene dificultad para entender todo lo que voy a explicar aquí. Para avanzar en la lectura, usted debe conocer como mínimo a la especie mentalmente compleja que somos, y por qué construimos trampas mentales como la rabia, la envidia, la timidez, el autocastigo, las fobias y los celos, tema de este libro.

Una pregunta fundamental: ¿puede el ser humano vivir solo, en plena soledad? La respuesta es no. Eso porque, aunque el *Homo sapiens* no cuente con personajes reales con los cuales relacionarse, los crea en su propia mente.

El *Homo sapiens* es y será siempre un *Homo socius*, un ser sociable.

Ni de lejos tengo ni pretendo tener todas las respuestas de por qué es imposible para el ser humano vivir solo, pero daré aquí algunas importantísimas. Desarrollé una de las pocas teorías de la actualidad sobre las sofisticadas áreas del psiquismo humano, como el proceso de construcción de pensamientos, la formación de la consciencia y la organización del Yo como administrador psíquico. Derivadas de esa teoría, tendremos algunas respuestas que pueden sacudir nuestros cimientos sobre "quiénes somos y lo que somos".

Si no estudiamos el funcionamiento de la mente, dejaremos de entender no sólo el fenómeno de los celos y de la dictadura del control, sino también la génesis de las necesidades neuróticas más comunes: la formación de los traumas, la exclusión social, en fin, las penurias humanas.

Podemos tejer innumerables explicaciones sobre por qué somos seres sociales. Algunas están ligadas al proceso educativo, la necesidad de cooperación social, la búsqueda de la supervivencia y protección, las ganancias afectivas, pero tal vez la más importante de ellas, y la más compleja, esté ligada a la última frontera de la ciencia: la naturaleza de la consciencia humana.

Si estudiamos esa área, nunca más seremos los mismos ni veremos la vida de la misma manera. Bajo la perspectiva del funcionamiento de la mente, un mendigo es tan sofisticado como un billonario, un "psicótico" tiene un intelecto tan complejo como el de los psiquiatras y el de los más notables científicos, un desconocido tiene tanto brillo en el territorio de la emoción como un autor premiado con el Oscar. Por desgracia, la edad emocional de la especie humana nunca pasó de la preadolescencia, por eso nos gusta clasificarnos, compararnos con los demás. Miramos los parámetros externos, pero no escudriñamos los parámetros internos.

Las facultades de psicología, sociología y psicopedagogía deberían estudiar el funcionamiento de la mente a partir de las últimas fronteras de la ciencia, en especial el proceso de construcción de pensamientos y de la consciencia existencial. Sólo le pido que abra su mente para pensar en otras posibilidades y se prepare para romper sus paradigmas.

La consciencia humana es tal vez el fenómeno más complejo de todo el universo. Los agujeros negros, la fuerza gravitacional, la velocidad de la luz, la transformación de la materia en energía son fenómenos complejos, pero nada se compara con el fenómeno de la consciencia existencial. Por medio de la consciencia nos sentimos seres únicos, diferentes de los otros billones de seres humanos que habitan el planeta. Por ser seres conscientes, nos educamos, construimos una personalidad y registramos una historia. La consciencia es el mayor espectáculo de la mente humana, sea cuando defiende una tesis académica, recibe un premio Nobel, da un discurso ante la Organización de las Naciones Unidas o cuando comete crasos errores como la exclusión social, la venganza o los celos.

La consciencia existencial es tan sofisticada, que cuando es mal utilizada convierte al ser humano en un dios. Cuando alguien sufre, a pesar de que billones de personas no se enteren de su dolor, parece que todo el universo sufre con él. Cuando un ser humano se alegra, parece que todo el universo sonríe. Cuando una persona tiene una crisis de claustrofobia, por ser ella un ser consciente, todo el universo se convierte en un cubículo sin aire, asfixiante.

La humanidad ha producido muchos dictadores sociópatas que se colocaron como centro del universo. Como no tuvieron una educación empática y, en consecuencia, no aprendieron a ponerse en el lugar del otro, el mundo tenía que girar en torno a su órbita. Se consideraban dioses, esclavizaban, dominaban, promovían discriminaciones, fomentaban guerras. Eran niños con poder en las manos. Convertirse en un ser consciente sin tener consciencia de las trampas de la mente puede transformarnos en verdugos de la humanidad, aunque sea de una persona o de nosotros mismos.

Para que la consciencia existencial no nos convierta en dioses y promueva los cimientos de la humildad, la generosidad, el carisma, la capacidad de elogiar y de promover al otro, es necesario cambiar el gran paradigma de la educación mundial: la educación de la información, que abarrota el cerebro humano con datos. Necesitamos la educación del Yo como administrador de la mente humana.

La educación de la información genera seres humanos radicales, inflexibles, egocéntricos, asaltados por necesidades neuróticas y atacados por los celos, por la envidia, por la intolerancia a las frustraciones. Por otro lado, la educación del Yo como administrador de la mente humana da origen a seres humanos que gestionan sus instintos, administran su ansiedad, protegen su emoción, encuentran placer en la solidaridad y desarrollan altos niveles de tolerancia a las frustraciones; contribuyen, en fin, a formar pensadores, y no repetidores de datos.

La consciencia existencial es virtual

Las computadoras nunca tendrán consciencia existencial. Nunca sufrirán por soledad o por celos. No tendrán alegrías ni angustias. No sentirán el perfume de las flores ni el olor ácido de los alimentos fermentados. No gozarán de la tranquilidad ni serán perturbadas por la ansiedad. Todas las computadoras entrelazadas jamás probarán las llamas del amor o las llamaradas de los celos. Dependiendo de su tipo, el dolor emocional puede ser insoportable, pero es un privilegio de la psique humana. Somos demasiado complejos.

Después de ese pequeño abordaje sobre la consciencia existencial, vamos a la pregunta fatal: ¿la consciencia tiene naturaleza real (emocional) o virtual (pensamientos)? He ahí la pregunta de preguntas, el misterio de misterios de la ciencia humana. La consciencia es virtual, jamás incorpora la realidad del objeto concientizado. Si no fuese virtual, no produciríamos personajes en los sueños, no anticiparíamos el futuro ni rumiaríamos el pasado. Sólo en la esfera de la virtualidad tenemos esa burbujeante creatividad.

Un padre jamás toca la realidad emocional de un hijo cuando lo corrige. Un maestro jamás asimila la realidad intrínseca de las crisis y angustias de un alumno que acaba de causar un tumulto en la clase. Un psiquiatra jamás incorpora la implosión psíquica producida por el ataque de pánico de un paciente. Entendemos siempre al otro de manera virtual, por eso gran parte de nuestros juicios es equivocada, contaminada o distorsionada. Entendemos al otro a partir de nuestro propio proceso de interpretación. Vea a los partidos políticos: ellos tienen opiniones totalmente distintas sobre los mismos puntos.

> *Cuando el Yo permite o se omite, "entregando"*
> *a la emoción una tarjeta de crédito ilimitado,*
> *todo lo que es virtual puede transformarse en*
> *real. Una cucaracha se vuelve un dinosaurio,*
> *una crítica falsa afecta la alegría por días*
> *o semanas, una ofensa hecha a un rey*
> *o a una nación puede llevar a una guerra,*
> *un pensamiento sobre el futuro es capaz*
> *de aterrar a un individuo.*

El hecho es que entendemos a nuestra pareja, a nuestros hijos, alumnos y amigos a partir de nosotros mismos. Cuando un hombre hace una acusación falsa, una crítica injusta a su pareja, ¿puede invadir la mente de ella y destruir su humor? No. Lo virtual no puede cambiar lo real. ¿Entonces por qué sufre ella? En primer lugar, porque la emoción es real, concreta. En segundo lugar, porque el Yo es el puente entre lo real y lo emocional, tiene que permitir que la ofensa se materialice en emoción. Solamente cuando el Yo permite o se omite, el pensamiento real se materializa y perturba al *Homo sapiens*. Cuando el Yo se omite, la emoción pasa a pilotear la aeronave mental, aceptando la acusación injusta, dando crédito a la actitud agresiva. La emoción vivencia el pensamiento virtual tal como un espectador se sensibiliza con las escenas de una película, que es puramente virtual.

Cuando el Yo permite o se omite, "entregando" a la emoción una tarjeta de crédito ilimitado, todo lo que es virtual puede transformarse en real. Una cucaracha se vuelve un dinosaurio, una crítica falsa afecta la alegría por días o semanas, una ofensa hecha a un rey o a una nación puede llevar a una guerra, un pensamiento sobre el futuro es capaz de aterrar a un individuo.

Es imposible que alguien nos hiera emocionalmente, a menos que nos permitamos ser heridos. Si alguien lo critica, lo ofende, lo rechaza o tiene ataques de celos, usted saldrá lastimado sólo mediante su propio permiso consciente o involuntario. La conclusión de las conclusiones es: nuestro mayor verdugo somos nosotros mismos. Nadie puede hacerle tanto mal como usted mismo. Abrazarse, proteger la emoción, no gravitar en la órbita de los demás son herramientas de supervivencia.

La ansiedad vital y los celos

Un astrónomo puede pasarse toda la vida investigando el universo, su consciencia puede llevarlo a pensar en billones de galaxias, pero jamás podrá incorporar la realidad de una estrella o de un átomo. La consciencia, por ser de naturaleza virtual, lo acerca al objeto investigado, pero al mismo tiempo lo sitúa infinitamente distante de él. Ésa es la soledad paradójica de la consciencia virtual. Comprendemos el mundo de forma virtual, pero no de manera esencial, a no ser que usemos el tacto y el sistema olfativo.

Los padres están cerca de sus hijos, pero infinitamente distantes de ellos. Las parejas se aman de forma desesperada, pero fuera de las caricias, de las relaciones sexuales, de los besos, no se tocan esencialmente. Reclaman, critican, señalan fallas en la esfera de la virtualidad. Elogian, aplauden valoran también de manera virtual. En fin, todo es virtual en las esferas de la intelectualidad, pero el Yo es el puente entre lo real y lo virtual. Por lo tanto, debería ser maduro e inteligente para transformar, dar crédito y otorgar sustancia a todos los pensamientos serenos, no a los perturbadores.

Si el Yo no aprende a administrar la mente y los estímulos estresantes, es mucho más fácil que una pareja comience la relación en el cielo del afecto y la termine en el infierno de las disputas y críticas. Las personas marcadamente insatisfechas quieren más atención, más retribución, más valoración, sin saber, no obstante, que estos nutrientes son virtuales. Toca al Yo hacer de las pequeñas gotas una lluvia y una poesía del papel y la pluma, es decir, hacer de las pequeñas caricias y muestras de afecto un río emocional.

6

Los celos y la soledad del autoabandono

Sabemos que todo ser humano vive en una cárcel virtual. Entendemos o percibimos su comportamiento por el proceso de interpretación de la realidad, y no por la realidad en sí. Conocemos al otro a partir de nosotros mismos. Si no aprendemos a vaciarnos de nosotros mismos, nuestras interpretaciones tendrán mucho más que ver con nosotros que con nuestro cónyuge, nuestros hijos y alumnos.

Es más fácil que nuestras interpretaciones sean distorsionadas a que se aproximen a la realidad emocional de los comportamientos que estamos interpretando. Los celos son una grave y velada distorsión del proceso de interpretación. Una verdadera trampa mental.

De todas las palabras que pueden definir a los celos, ninguna se aproxima tanto a su arquitectura como "autoabandono". Toda persona que tiene celos se ha autoabandonado, por lo menos en los momentos de los ataques de celos. Quien tiene celos posee un Yo con un bajo nivel de sociabilidad consigo mismo, aunque pueda convivir con tranquilidad con otras personas. También tiene un bajo nivel de amor propio, necesita de la atención del otro para intentar disminuir el déficit de atención que tiene para sí.

> *De todas las palabras que pueden definir a los celos, ninguna se aproxima tanto a su arquitectura como "autoabandono". Toda persona que tiene celos se ha autoabandonado, por lo menos en los momentos de los ataques de celos. Quien tiene celos posee un Yo con un bajo nivel de sociabilidad consigo mismo, aunque pueda convivir con tranquilidad con otras personas.*

Como vimos, el ser humano es un ser inevitablemente social, pero algunas personas tienen una mayor necesidad de socializarse, de tener a alguien a su lado, pues son más sensibles a la soledad. Los celos son un intento exagerado y enfermizo de superar la soledad. Quien tiene celos es profundamente solitario, aunque viva rodeado de personas. Los celosos desconocen esta tesis: si las personas que amo me abandonan, la soledad es soportable, pero si yo mismo me abandono, será intolerable.

Es excelente que quien amamos nos acaricie; sin embargo, hay más misterios entre recibir cariño y vivir en función de eso que lo que imagina la vana psicología de los romances. A lo largo de más de veinte mil sesiones de psicoterapias y consultas psiquiátricas que realicé, descubrí que todos somos grandes dramaturgos del teatro psíquico, y nuestro verdadero desafío es escribir comedias, no obras de terror, es decir, tener romances, no relaciones asfixiantes.

Jamás podemos olvidar que la traducción inconsciente de los celos es "soy tan pobre de mí, que procuro enriquecerme en el otro. Soy tan carente de mí mismo, que busco apoyo desesperado en el otro". Resolver esa ecuación emocional es fundamental para tener una mente saludable.

NO SE AÍSLE

Muchas personas se autoabandonan, aunque no sean conscientes de eso. La baja autoestima, la timidez, la anorexia, la bulimia, la vigorexia, la preocupación excesiva por la imagen social, el sentimiento de venganza, la rabia, la envidia y en especial los celos son síntomas evidentes de una persona que se autoabandonó. Sólo una persona que se ha autoexcluido tiene tamaña carencia.

El suicidio es una forma grave de autoabandono. Pero quien piensa en desistir de la vida, en realidad tiene, como ya he manifestado en otras oportunidades, hambre de vivir y de construir puentes para alcanzar a los otros.

El suicidio es una forma grave de autoabandono. Pero quien piensa en desistir de la vida, en realidad tiene, como ya he manifestado en otras oportunidades, hambre de vivir y de construir puentes para alcanzar a los otros. Millones de lectores han utilizado las herramientas que creé para no abandonarse, para dejar de ser víctimas de sus penurias socioemocionales y volverse, como mínimo, autores de su historia.

Quien se abandona asfixia el autodiálogo, restringe el placer de vivir y la relajación. Una de las formas principales de vivir la soledad del abandono es, como he citado, cobrarse en exceso. Ser poco tolerante con sus fallas y sus límites y ser su propio verdugo. No reírse de su propia estupidez y sus incoherencias es ser autopunitivo. El buen humor es fundamental para construir puentes con su propia personalidad. Una persona pesimista tiene mucha facilidad para nutrir a sus vampiros emocionales.

Hay personas que pasan décadas con miedo a volar, a hablar en público o de los elevadores, y nunca dialogaron en forma sistemática consigo mismas. Nunca se preguntan: "¿Por qué soy esclavo de ese miedo?". "¿Cuándo surgió?" "¿Por qué surgió?" "¿Cómo me controla?" "¿Cómo reeditar las ventanas de mi cerebro que lo financian?"

Si usted no invierte algunos minutos diarios haciendo esas indagaciones, no tendrá posibilidad de reescribir su historia. Las sociedades modernas se han convertido en una cantera de personas frágiles, sin resiliencia, sin capacidad de filtrar los estímulos estresantes, en fin, sin habilidad para trabajar el *coaching* emocional.

No es por casualidad que haya una explosión en el número de enfermos psíquicos en la era de la industria del láser, de internet, del acceso a la información. Era de esperarse que en este siglo tuviéramos un número mayor de personas mentalmente libres y emocionalmente saludables, pero estamos ante una enorme cosecha de personas enfermas. Era de esperar que tuviéramos una generación de mujeres más saludables y felices, pero estamos ante la generación más triste y con más baja autoestima que ha existido.

Cerca de setenta millones de personas, en su mayoría mujeres jóvenes, desarrollarán anorexia o bulimia. Sólo tres por ciento de las mujeres se ven a sí mismas realmente bellas en muchas sociedades. En Brasil, un país en apariencia tan festivo, hay millones de mujeres que sonríen por fuera, pero lloran por dentro, y libran una auténtica guerra con su peor enemigo: el espejo.

SOLEDAD CREATIVA

Es importante tener algunas dosis de soledad social, esto es, apartarse en ciertos momentos de la agitación social y recogerse dentro de sí mismo, para relacionarse consigo en forma más íntima. Interiorizarse, reflexionar sobre su historia, reciclar los celos, la envidia y las penas y reconciliarse con sus sueños es fundamental para liberar su imaginación y reinventarse.

Muchos pensadores, escultores, artistas plásticos, filósofos y religiosos tienen una necesidad vital de soledad creativa. Sin ella, los ruidos de la rutina entorpecen la mente y castran la producción de conocimiento. Si a usted no le gusta quedarse a solas de vez en cuando, es probable que no tenga una relación saludable e íntima consigo mismo, poniéndolo en desventaja para ser imaginativo.

La soledad creativa no es la ausencia absoluta de interacción social, sino la presencia del ser ante sí mismo. En ese momento, estamos teniendo una historia de amor con nosotros mismos, el Yo está invirtiendo en sí mismo, liberándose, saldando su deuda con la interiorización en una sociedad altamente excluyente y consumista. Muchos se revuelcan en el fango de la monotonía porque no saben sumergirse dentro de sí mismos. Muchos no emprenden ese viaje porque tienen miedo de encontrar a sus fantasmas mentales. En ese caso, la ignorancia es altamente punitiva.

La soledad transforma a los ricos en mendigos

No es factible vivir solo, pero es posible ser solitario, no construir relaciones saludables con uno mismo y con los demás, estar solo en medio de una multitud. Si un ser humano tuviera montañas de oro e incontables aeronaves, pero viviera solo en este planeta, se sentiría el más miserable de los seres, el oro perdería su "brillo" y las aeronaves no lo harían volar, por lo menos no placenteramente, por mucho tiempo.

Hay millonarios que, encarcelados por la soledad, viven de migajas de placer. Hay ochocientos millones de mendigos que pasan hambre del pan de trigo, y billones que pasan hambre del pan de la emoción.

Si alguien tuviera todos los palacios del mundo pero, al recorrerlos, sólo escuchara sus propios pasos, o cuando durmiera, sólo él pusiera la cabeza en la almohada, esa persona no descansaría. Tarde o temprano, cambiaría todos los palacios por la más simple choza en medio de un barrio pobre. No es por casualidad que haya en el mundo tantos millonarios deprimidos. ¿Quién es verdaderamente rico bajo el ángulo de la administración de la emoción? Quien es feliz. Así de simple.

Aunque la muerte no existiera, si no aprendiéramos a amar, a dialogar, a aventurarnos, a vivir experiencias sociales agradables, la eternidad se volvería una fuente de aburrimiento. Somos meros mortales, pero muchos en esta corta existencia han perdido el encanto por la vida. Es espantoso ver a varios jóvenes ya aburridos, cuando deberían estar burbujeando de placer, sea por explorar la vida o por la explosión hormonal.

Camas confortables que no relajan, dinero que empobrece el alma, aplausos que no animan al corazón, éxitos que no generan bienestar emocional, he ahí algunas paradojas del ser humano que detesta la soledad creativa, que tiene miedo de buscar dentro de sí mismo la dirección más importante. ¿Y usted? ¿Escapa de esas paradojas o es capturado por sus tentáculos?

Las personas celosas quieren exiliar con fuerza la soledad del teatro de su emoción, desean que los demás graviten en torno a su órbita, por eso controlan a su pareja, a sus hijos, amigos, compañeros de trabajo y hasta sus bienes materiales, pero no se controlan a sí mismas, no entienden que los celos son su grito de alerta, un aviso de que no saben abrazarse, apoyarse, apostar en sí mismas, tener una autoestima sólida. Los celos nos apartan de nosotros mismos y, para colmo, nos distancian de quien amamos.

Todos los que son víctimas de los celos son perdedores, pues desmoronan sus relaciones. Podrán tener siervos a su lado, pero nunca seres humanos que los amen; podrán tener personas que les teman, pero no que los admiren.

Las personas celosas no entienden que los celos son su grito de alerta, un aviso de que no saben abrazarse, apoyarse, apostar en sí mismas, tener una autoestima sólida. Los celos nos apartan de nosotros mismos y, para colmo, nos distancian de quien amamos.

7
Herramientas para proteger la emoción

P ara proteger la emoción e irrigar la estabilidad de las relaciones, es necesario el uso diario de, por lo menos, tres herramientas fundamentales:

1. Entregarse disminuyendo la expectativa de retribución

Un individuo puede estar rodeado de personas todo el tiempo, pero siempre será virtualmente solitario. Puede estar próximo en el plano físico, pero entre él y los demás siempre habrá un antiespacio. Eso ocurre porque, así como él no penetra en los personajes de una película, tampoco lo hace con los personajes concretos que lo rodean, sólo los percibe en forma virtual.

Es difícil estar en una relación y no frustrarse. Las personas cariñosas pueden volverse estúpidas en algunos momentos. Las personas sensatas pueden ser irracionales de vez en cuando. Las personas generosas pueden ser egoístas en los momentos de tensión. Las personas que tienen autocontrol pueden volverse celosas si cultivan el miedo de perder. En algunos momentos, usted también se va a frustrar, será incoherente y tendrá actitudes egoístas. Por eso, aprenda a darse sin recelo a sus hijos, a su pareja, a sus amigos, pero disminuya todo lo que pueda la expectativa de retribución.

Quien cobra la retribución de los demás, aunque sea merecida, puede sumergirse en una fuente de frustración. Quien espera que otros paguen la factura con el mismo "valor" dado se volverá, como vimos, un agiotista de la emoción.

Es claro que debe haber retribución, pero ésta debe ser espontánea. Quien cobra de más, sofoca. Quien espera una retribución excesiva tendrá ataques de celos o crisis de decepción. Es más barato y soportable aceptar a las personas como son, sin esperar que correspondan a nuestras expectativas. En un segundo momento, podemos ayudarlas a reciclarse. Si aumentamos los niveles de exigencia, la relación podrá volverse insoportable poco a poco. Los bellos romances no se destruyen cuando los amantes tropiezan con las grandes montañas, como la traición, sino con las pequeñas piedras.

Una joven me dijo: "Doctor Cury, me casé con una persona muy difícil". Yo di un paso hacia atrás y ella, ansiosa, continuó: "Piense en una persona complicada. Usted, que es un psiquiatra, no soportaría convivir cinco minutos con él sin perder la paciencia". Di otro paso hacia atrás, la miré a los ojos y dije: "Mire, si usted eligió a una persona tan difícil para vivir, usted no debe ser tan fácil. Los polos semejantes se atraen. Y él se va a poner más difícil si usted actúa como una neurocirujana, queriendo operarle el cerebro".

Por favor, observe bien las herramientas derivadas de la soledad de la consciencia virtual para proteger la emoción y cimentar la relación. No viva enclaustrado. Una persona individualista y egocéntrica no es feliz. Enfatizo: entréguese, sea generoso, pero disminuya la expectativa de retribución; pues si el Yo no actúa, los más cercanos son los que más pueden herirnos.

2. La emoción no puede tener una tarjeta de crédito ilimitado

Si el pensamiento es virtual y no puede materializarse en el territorio de la emoción a no ser que el Yo lo permita o se omita, nuestro Yo debe ser entrenado para no comprar lo que no le pertenece. La tesis del Yo debería ser: "Pueden calumniarme, injuriarme, ofenderme, tener ataques de celos, pero no voy a comprar la basura social. Ésta es virtual, no me pertenece. No voy a transformar lo virtual en basura emocional".

Por esto debemos entender que, si tuviéramos un Yo educado para ser líder de la psique, administrar la emoción y aprender a ser un comprador responsable de los estímulos estresantes, no tendríamos entre ochocientos mil y un millón de suicidios por año. No tendríamos a una persona atentando contra su propia vida cada cuatro segundos. Si fuera maduro y autónomo, el Yo no compraría lo que no le pertenece, no se sentiría excluido ni se castigaría.

Los maestros son los profesionistas más importantes del teatro social, sin embargo, el sistema educativo mundial está enfermo, formando personas enfermas para una sociedad enferma. Este sistema no trabaja los papeles del Yo como administrador de la emoción, como proponemos en el programa Escuela de la Inteligencia. La humanidad seguirá siendo una fábrica de enfermedades emocionales. No es por casualidad que setenta por ciento de los alumnos esté presentando síntomas de timidez e inseguridad, aunque entren en las redes sociales. Imagine que la mitad de los alumnos probablemente necesitará de psiquiatras y psicólogos. ¿Y la prevención? La educación clásica asiste en forma pasiva a este desastre socioemocional. Sigue enseñando las matemáticas numéricas sin enseñar las matemáticas de la emoción; sigue enseñando idiomas sin enseñar a los alumnos cómo hablar con sus fantasmas mentales y domesticarlos. El Yo mal equipado en las escuelas y en las familias se convierte en un consumidor emocional irresponsable. Hace de su mente un bote de basura.

Hay muchas personas hipersensibles, sin ninguna protección mental. Toda persona hipersensible puede ser excelente para los demás, pero siempre será pésima para sí misma. Su emoción es como una tarjeta de crédito ilimitado. Cuando recibe una mala mirada, la compra y paga caro por eso. Una crítica es absorbida con rapidez y arruina su semana. Cualquier ofensa es vivenciada sin ningún filtro y echa a perder su mes. Una traición interfiere con toda su vida.

Quien tiene ataques de celos es un pésimo comprador emocional. Algunos llegan a los límites de la irracionalidad. Si la pareja mira para otro lado, piensan que él o ella está coqueteando con alguien. Si no responde un mensaje en la red social, piensan que están siendo abandonados o despreciados. Si la pareja se tarda en llegar a casa, piensan que están siendo traicionados. A veces, el Yo está tan enfermo que no tiene la mínima autocrítica. En ese caso, deja que la emoción compre todos sus pensamientos y sospechas absurdas.

Si la emoción estuviera al frente del Yo, gastando la energía cerebral comprando ingenuamente todos los estímulos estresantes, nuestra mente entraría en colapso. Despertaremos fatigados, tendremos dolores de cabeza y musculares, sufriremos por el futuro, rumiaremos las penurias y decepciones del pasado, tendremos insomnio o un sueño de mala calidad. Sé que miles de lectores necesitan reciclarse. En caso contrario, su vida será un invierno eterno. Tampoco se deben comprar los ataques de celos. Una persona madura no compra lo que no le pertenece.

3. EL YO DEBE ADMINISTRAR LA ANSIEDAD PARA SER AUTOR DE SU PROPIA HISTORIA

El ser humano es invariablemente un ser social, porque la consciencia virtual lo lleva a ser dramáticamente solo, profundamente solitario. Por concientizarse del mundo en forma virtual, nunca incorporando su realidad, el ser humano desarrolla una ansiedad vital saludable que lo impulsa a buscar la esencia nunca alcanzada de las cosas y de las personas. Esa ansiedad vital genera una fuerza incontrolable e inconsciente que nos motiva, a cada uno de nosotros, a tener una pareja, hijos, amigos, a construir personajes en nuestra mente, a elaborar personajes en los sueños.

El *Homo sapiens* procura, de todas las formas y con toda su energía, incluso de manera inconsciente, huir de la mayor de todas las soledades, la soledad paradójica de la consciencia virtual. Su consciencia lo pone en contacto con el universo, pero entre él y el universo concientizado hay un antiespacio, un espacio infranqueable, que lo lleva a querer abrazar al mundo. La consciencia virtual da origen a un deseo inconsciente e irrefrenable de relacionarse.

Sé que es dificilísimo comprender ese fenómeno, incluso es muy probable que la mayoría de los psicólogos, psiquiatras, filósofos lo desconozca, pero es vital para entender tanto el funcionamiento de la mente como el proceso de construcción de las relaciones sociales. Comprender ese fenómeno puede ser impactante. Alguien diría: "Parece tristísimo saber que estamos siempre solos, por más próximos que estemos de las personas". Sin embargo, en el fondo, esa soledad de la consciencia existencial no es triste; es una fuente de alegría.

Sin ella, no tendríamos hambre ni sed de amar, de encantar al otro. Sin ella, el *Homo sapiens* no sería un ansioso *Homo socius*, seríamos colectivamente autistas. Los puentes virtuales suelen ser tan frágiles que deberían ser irrigados con besos, abrazos, apoyo, valoración, elogios. Reitero: sin la soledad paradójica de la consciencia virtual que nos aproxima al objeto concientizado y, sin embargo, al mismo tiempo, nos aleja infinitamente de él, no tendríamos una ansiedad vital que nos motiva a construir varias relaciones sociales. Las familias nucleares no se van a extinguir, como piensan algunos; los romances no van a dejar de existir, como muchos imaginan. Una persona puede tener celos, decepciones y hasta experimentar traiciones en su relación, puede separarse y decir: "¡Nunca más volveré a relacionarme con nadie!", pero es muy probable que, tarde o temprano, construya otras relaciones afectivas. Si no las construye con personas concretas, lo hará con sus fantasmas mentales.

Pero hay un contrapunto. La virtualidad de la consciencia nos puede encerrar en una mazmorra y, por lo tanto, generar aspectos muy negativos. La soledad de la consciencia que nace en la esfera de la virtualidad puede ser una fuente de estrés si no es saciada, aun en forma mínima. Puede producir angustia, insatisfacción, humor depresivo. Hay hombres que cambian de compañera con la misma frecuencia con la que cambian de camisa. A la menor señal de aburrimiento o de estrés, ya piden la separación. Hay personas que no logran concretar ninguna amistad. Al comienzo de la relación, tienen un ánimo maravilloso, se sienten eufóricas; después, a la mínima frustración, cambian de amigos. Muchos cambian de profesión, de ciudad, de casa, de sueños, con tremenda facilidad. Son insatisfechos crónicos.

Quien no posee estabilidad en sus relaciones sociales no tiene estabilidad emocional. Su ansiedad vital es exagerada, se vuelve enfermiza. Está siempre buscando algo o alguien para saciarla, sin entender que el agujero es más profundo y está más cerca, dentro de sí mismo. Vive en una mazmorra virtual. No sabe entregarse, amar, darse, tener proyectos estables y profundos. No siempre son los traumas o las ventanas *killer* los que causan tal inestabilidad; puede ser provocada por la disfunción del Yo. Un Yo que no es protagonista, sino que está manejado por los estreses de la vida, no tendrá autocontrol. Un Yo disfuncional no será autor de su historia, pues no aprendió a proteger su emoción ni a administrar su ansiedad. Por lo tanto, será gobernado por el aburrimiento, por las crisis, por los conflictos, por las pérdidas, por las decepciones. Andará en las nubes, no pondrá los pies en la tierra, no sabrá lo que quiere.

8

Los celos y el Síndrome de Circuito Cerrado de la Memoria

Los celos son una forma grave de disfunción del Yo. Ya vimos algo sobre eso, pero quiero destacar nuevos aspectos del fenómeno. Una persona celosa siempre se siente vacía, aburrida, carente. Parece que, si no tiene a alguien cerca, no es feliz ni completa. No logra inclinarse en agradecimiento a la vida; muchas veces se vuelve especialista en reclamar, en especial a la persona que ama.

En el fondo, sus ataques de celos son típicos de un presidiario que está en una cárcel, sólo que la cárcel es virtual. No entiende que todos los seres humanos tienen una ansiedad vital, que todos somos carentes, que tenemos la necesidad de aproximarnos al objeto real. Sólo que la ansiedad de un ser humano celoso es más profunda, genera más insatisfacción, produce más inquietud y lo lleva a buscar en el otro la estabilidad que no tiene, a buscar en él la fuente de alegría que suprima su angustia.

Una persona celosa siempre se siente vacía,
aburrida, carente. Parece que, si no tiene
a alguien cerca, no es feliz ni completa.
No logra inclinarse en agradecimiento a la vida,
se vuelve muchas veces especialista
en reclamar, en especial a la persona
que ama.

Como tengo dicho, una persona mal resuelta está dramáticamente insatisfecha; aunque su compañera o compañero le dé la atención con la que sueña, aunque el compañero viva las veinticuatro horas del día en función de ella, como si fuese un esclavo, ella seguirá siendo un ser humano infeliz, haciendo a las personas infelices.

Quien es muy carente tiene tendencia a ser celoso; quien es celoso también es posesivo; y quien es posesivo no tiene aquello que más necesita: a sí mismo. No explora el territorio de su emoción, es un forastero en tierra propia. Para resolver sus núcleos traumáticos, una persona celosa o que padece cualquier otro trastorno psíquico debe reeditar las ventanas *killer*: dudar de todo lo que lo controla, criticar cada pensamiento perturbador y decidir ardiente y diariamente ser libre y no una esclava emocional. Ese ejercicio debe hacerse a cada momento en el silencio de nuestra mente. Nos callamos por fuera y "gritamos" por dentro.

*Quien es muy carente tiene tendencia a ser
celoso; quien es celoso es también posesivo;
y quien es posesivo no tiene aquello que más
necesita: a sí mismo. No explora el territorio de
su emoción, es un forastero en tierra propia.*

Además de reeditar las ventanas traumáticas, una persona que tiene conflictos, como ataques de celos, fobias, pesimismo o humor depresivo, debe formar nuevos núcleos saludables de habitación del Yo, nuevas plataformas de ventanas *light*. ¿Cómo? Elogiando más y criticando menos. Todos los días deberíamos hacer por lo menos tres veces más elogios que críticas. La tendencia a criticar en exceso y a señalar fallas envicia como las drogas. Deberíamos exaltar a los hijos, promover a nuestra pareja, señalar sus mejores características. Ese comportamiento no sólo siembra ventanas *light* o saludables en quien recibe los elogios, sino también en nosotros.

Además de promover la emoción del otro, deberíamos practicar a diario el arte de contemplar lo bello. Ese arte educa la emoción y cambia el paisaje de la memoria, volviéndonos más ligeros, libres y alegres. ¿Cómo contemplar lo bello? Abrazándose más y castigándose menos. Reclamando menos y agradeciendo más. El arte de agradecer es vital para que una persona sea feliz, realizada y relajada. Quien no agradece a la vida y a las personas siempre estará encarcelado en su egoísmo.

Contemplar lo bello también es educar la emoción a diario para hacer de las pequeñas cosas un espectáculo para los ojos, es invertir tiempo en aquello que el dinero no compra: admirando las flores, encantándose con la aurora y el ocaso, fascinándose con los comportamientos de su pareja, preguntándole cuáles son sus sueños y pesadillas y qué puede hacer para que ella sea más feliz.

Quien contempla lo bello desacelera la mente, se interioriza y se vuelve un gambusino que explora un tesoro en el suelo rocoso de los demás y de su propia mente. Quien contempla lo bello es un Yo bien formado, sale de la superficie de la inteligencia.

El Síndrome de Circuito Cerrado de la Memoria y los ataques de celos

Albert Einstein dijo que es más fácil desintegrar el átomo que eliminar el prejuicio. Abraham Lincoln libertó a los esclavos mediante la Constitución y, cien años después, Martin Luther King seguía luchando contra el prejuicio. ¿Por qué? Porque la discriminación, así como otros trastornos emocionales, como los celos, no se transmite sólo por las palabras dichas en forma consciente, sino también de manera subliminal a través de gestos, miradas, actitudes.

Los padres celosos, que tienen paranoia, que desconfían de todo y de todos, que son obsesivos y posesivos, si no tienen cuidado, pueden provocar el fenómeno RAM en sus hijos y transmitir a la nueva generación un *pool* de ventanas *killer* que perpetúan sus dolencias. Los celos no son genéticos, pero es muy fácil que extiendan sus tentáculos por las relaciones interpersonales.

Hay una danza de fenómenos inconscientes altamente complejos en las crisis de celos que convierten al Yo en un verdadero esclavo, en especial si está mal formado. Si él no actúa con maestría e inteligencia, no logrará administrar ni pilotear su mente. Veamos. Cuando una persona víctima de los celos observa el comportamiento de su pareja, en milésimas de segundo detona el primer fenómeno inconsciente, llamado gatillo de la memoria. Éste abre el segundo fenómeno, una ventana *killer*, que contiene inseguridad, desconfianza o cobranza. El volumen de tensión de esa ventana puede ser tan grande que acciona el tercer fenómeno inconsciente, llamado el ancla de la memoria.

El ancla de la memoria se fija en la ventana *killer* de tal forma y con tal poder que bloquea el acceso del Yo a los miles de ventanas *light* que contienen millones de datos para dar respuestas inteligentes. En ese caso, el Yo vive uno de los síndromes que descubrí, el Síndrome del Circuito Cerrado de la Memoria. Cuando se cierra el circuito, nos volvemos instintivos como animales, y no seres racionales o pensantes.

Explotación sexual

Cuando se cierra el Circuito de la Memoria, el ser humano puede ser atroz, cruel, autoritario. Hay hombres que acusan a sus esposas de cosas que sólo están en su cabeza. Son

paranoicos, tienen manía de persecución, viven descon-
fiando de todos, en especial de su compañera. Dicen tanto
que ellas estaban seduciendo, mirando o ligando con otros
hombres, que son capaces de sacarles las confesiones de
algo que no hicieron. En algunos casos, esa atrocidad resul-
ta en explotación sexual. Para excitarse sexualmente, tener
una erección o llegar al orgasmo, ellos las acusan de estar
flirteando con otros hombres.

Hay compañeros que suplican, presionan y hasta obli-
gan a su compañera a tener relaciones sexuales con otros
hombres. Quieren mirarla en brazos de otros. También
usan ese comportamiento para excitarse sexualmente. Ac-
túan como vampiros emocionales, y no les importa nada
la salud psíquica de su compañera. Las mujeres necesitan hombres generosos y altruistas, amantes inteligentes e
inspiradores, y no castradores.

Sin duda, la explotación sexual es señal de que una persona está mal resuelta en el terreno de la emoción. Y, además de ser atroz, fragmenta y destruye el amor. Si hay
dificultades sexuales, se debe buscar la ayuda de un tera-
peuta sexual o de un psiquiatra, y no explotar al compañero para resolverse a uno mismo.

El acto sexual es bello, saludable, rico, un encuentro
mágico, sublime y libre. No son dos personas teniendo un
coito, una encima de la otra, sino dos seres humanos pe-
netrando en las entrañas de la emoción, ocupando el mismo espacio, respirando el mismo aire y los mismos sueños.
Hay muchas parejas que usan palabras y gestos incitan-
tes durante el acto sexual. Por ejemplo, él dice que ella es

bella, atractiva, que le pertenece, y viceversa. Esos comportamientos fomentan el juego de la seducción y pueden ser muy saludables. Las parejas que son rígidas, cerradas y calladas durante el acto sexual sólo tienen un romance con prefacio, no construyen nuevos capítulos, no se reinventan, no renuevan la atracción.

El Síndrome de Circuito Cerrado de la Memoria y los conflictos

El Síndrome del Circuito Cerrado de la Memoria es responsable de gran parte de los conflictos y las atrocidades de la humanidad. Con frecuencia, el suicidio ocurre no porque las personas quieran de hecho matarse, sino porque cerraron el Circuito de la Memoria. Intentan quitarse la vida, pero en el fondo quieren matar su dolor. Los homicidios también suelen ocurrir en los focos de tensión, cuando se cierra el Circuito de la Memoria. Las guerras, la violencia, el *bullying*, los conflictos en los salones de clase, en las escuelas, en las empresas, suceden porque el *Homo sapiens* deja de ser pensante y se convierte en *Homo bios*, instintivo, un animal herido listo para huir, atacar o automutilarse.

Cuando alguien lo ofende, lo critica, lo decepciona, usted verificará cuán fácil es cerrar el circuito de la memoria, cuán fácil es perder la racionalidad y actuar por impulso. Que lo digan las personas ansiosas y celosas. Por eso, la mejor respuesta es no dar una respuesta, es hacer la oración de los sabios, que está construida por el silencio proactivo.

Usted se calla por fuera y se bombardea de preguntas por dentro: "¿Quién me ofendió?". "¿Por qué me ofendió?" "¿Debo ser esclavo de esa ofensa?" "¿Por qué no soy libre?"

En vez de ser controlado por los ataques de celos, por la necesidad neurótica de acusar, cobrar y controlar a los demás, usted cuestiona: "¿Por qué no soy autónomo?". ¿Por qué no le doy libertad a quien amo?" "¿Qué carencia enfermiza es esa que me hace siempre cobrar atención o hacer acusaciones?"

Si usted anhela hacer la diferencia en su romance, tendrá que superar las trampas de su mente, aprender a ser altruista, flexible, abierto al diálogo, carismático, sin miedo a ser contrariado ni tener la necesidad neurótica de defenderse.

Por increíble que parezca, ni los amantes, padres o maestros están equipados y entrenados para encantar a su pareja, a sus hijos o alumnos y ayudar a resolver sus conflictos. Se tropiezan en lo básico. Muchos exponen en público el error de quien aman sin entender que ese comportamiento los humilla, genera tanto dolor emocional que puede formar ventanas *killer* doble P, que tienen el poder de encarcelar al Yo y formar un núcleo traumático. Debemos corregir en privado y elogiar en público. Las parejas que invierten esa herramienta, que elogian en privado y corrigen a su compañero ante los demás causan graves accidentes en la relación.

Si usted es impulsivo, intolerante e impaciente, significa que su formación fue perjudicada. Pero no se desanime: si usa la técnica del DCD (Dudar, Criticar, Determinar) para reeditar la película del inconsciente y superar el Síndrome del Circuito Cerrado de la Memoria, poco a poco podrá repaginar su historia.

No estamos preparados para ser líderes de nosotros mismos. Es probable que noventa y nueve por ciento de la información que recibimos y asimilamos en la esfera educativa, del preescolar a la universidad, sea sobre el universo físico, y menos de uno por ciento respecto al universo psíquico, mucho más complejo que el físico.

Si usted anhela hacer la diferencia en su romance, tendrá que superar las trampas de su mente, aprender a ser altruista, flexible, abierto al diálogo, carismático, sin miedo a ser contrariado ni tener la necesidad neurótica de defenderse. Quien se defiende demasiado tiene miedo de aceptar sus locuras, de identificar a sus fantasmas y, por lo tanto, no deja que la luz de la razón alcance a sus vampiros emocionales. ¿La consecuencia? Se llevará sus conflictos a la tumba.

Paradojas de un Yo inmaduro

1. Podrá enfermar mentalmente cuando sea adulto, aunque en el proceso de formación de la personalidad haya sido privado de traumas importantes.
2. Podrá viajar a todos los continentes, pero sin salir del continente psíquico.

3. Podrá ser emocionalmente frágil y desprotegido ante las contrariedades, aunque tenga guardaespaldas y todo tipo de seguro: casa, vida, empresarial.

4. Podrá ser un esclavo incluso viviendo en una sociedad libre: esclavo de fobias, manías, paranoias, ansiedad, celos.

5. Podrá cercenar la producción de respuestas inteligentes en la relación conyugal y en el ambiente profesional, aunque tenga un excelente potencial creativo.

6. Podrá ser autodestructivo, aunque sea bueno con los demás.

7. Podrá causar bloqueos en el psiquismo de su pareja, sus hijos y alumnos, aunque sea culto y proclame a los cuatro vientos que ama a las personas que lo rodean.

Quien tiene un Yo mal desarrollado y que desempeña en forma inadecuada sus papeles como líder de la psique no podrá desarrollar los hábitos más importantes para ser un amante, un padre, un educador, un empresario brillante. Coraje para caminar y humildad para corregir el rumbo son elementos fundamentales para quien quiera desarrollar un romance inteligente y duradero. Sin esos hábitos, construir relaciones sociales podrá ser una ardiente fábrica de estrés.

9

Hábitos de los amantes saludables I:

Vacuna contra los celos y los conflictos

Antes de vivir juntas, las parejas deberían abrir bien los ojos, no amar sólo con la emoción, sino también con la inteligencia. Deberían observar los defectos, las manías, las dificultades y las limitaciones de su pareja. Sin embargo, después de comenzar la convivencia, deberían disminuir la apertura de los ojos para expandir los niveles de tolerancia. Porque si, al vivir bajo el mismo techo, se la pasan buscando fallas y comportamientos susceptibles de ser criticados, reducirán mucho el umbral para soportar frustraciones —los pequeños problemas tendrán un impacto muy grande—, y la relación se transformará en una cantera de estrés.

Pero es increíble la forma en que el ser humano hace lo contrario de esa tesis. Durante el noviazgo, somos ciegos o miopes; ya cuando vivimos juntos, somos observadores al extremo. El caso es que nunca se conoce plenamente a alguien hasta estar bajo el mismo techo, pues durante el noviazgo, los compañeros presentan comportamientos extraídos principalmente de los archivos de la MUC (memoria de uso continuo), que representa la memoria consciente, sólo uno a dos por ciento. El resto de los archivos está en el inconsciente, llamado ME (memoria existencial). Los fantasmas mentales de un ser humano, como manías, arrogancia, insensibilidad, paranoia, egocentrismo, intolerancia, suelen estar alojados en la ME y sólo aparecen en situaciones especiales.

Muchos dicen: "Encontré a mi alma gemela. Ella es increíble, tiene los mismos gustos, sueños, proyectos de vida, placer en dialogar. ¡Es fascinante!". Sólo que, cuando comienzan a vivir juntos, el alma gemela desaparece. Algunos vuelven diciendo: "La persona fascinante se esfumó. Parece que estoy conviviendo con otra persona. No es la misma que me encantó. ¿Cómo es posible? ¡Duramos años de novios y no la conocía!". No hay producto falsificado: hay compañeros que, después del matrimonio, revelan lo que estaba en los escombros de la ME, en los suelos del inconsciente.

Ser un líder notable es ser una persona abierta, tener un refinado sentido de observación para mirar más allá de los límites de la imagen y escuchar aquello que los sonidos no declaran.

Todo amante debería tener por lo menos ocho hábitos saludables para dar sustentabilidad a su historia de amor, para que tenga pocos capítulos turbulentos.

Toda persona que construye una relación con otra lo hace para obtener múltiples ganancias: algunas conscientes, otras inconscientes.

Entre las ganancias inconscientes están la superación de la soledad paradójica de la consciencia virtual, el alivio de la ansiedad vital, la proyección emocional en el otro, que induce a la búsqueda de aquello que le falta: confort. Entre las conscientes están el placer emocional, sexual y social, la superación de la soledad social, el apoyo, la seguridad financiera, la nutrición de los proyectos de vida, el diálogo interpersonal. Aunque las ganancias emocionales y sociales puedan ser grandiosas en los romances, si la pareja no desarrolla hábitos inteligentes para enriquecer la relación, el sueño del romance puede transformarse en una tremenda pesadilla.

Veamos las herramientas socioemocionales que deben utilizar todos aquellos que se proponen ser amantes. Tales herramientas son hábitos universales que deben ser cultivados durante toda la historia de la relación:

PRIMER HÁBITO: TENER UN ROMANCE CON SU HISTORIA ANTES DE TENERLO CON OTRA PERSONA

Quien no se ama a sí mismo no logrará amar a otra persona. Quien no tiene una historia de amor con su salud emocional le importará muy poco la salud emocional de su pareja. Quien no se preocupa por alimentarse bien, por hacer ejercicio, por percibir que la vida es cortísima para vivir, y por eso debería cuidarla y nutrirla con cariño, tampoco se preocupará por el bienestar de quien ama.

La autoestima es una característica fundamental para tener una mente brillante, una emoción saludable y relaciones inteligentes y sustentables. Quien no tiene autoestima no posee el coraje de levantarse, fuerza para luchar, creatividad para reinventarse. Quien no tiene autoestima tiene miedo de correr riesgos, se revuelca en el fango del conformismo, tiende a culpar a los demás por su fracaso o su desgracia. Quien tiene baja autoestima minimiza su capacidad para darse, se vuelve especialista en reclamar y experto en cobrar.

La baja autoestima destruye la autonomía, la capacidad de una persona para ser bien resuelta, alegre y comunicativa. Y, además de todo eso, prepara a la mente para tener crisis de celos.

Segundo hábito: ser transparente en la relación, jamás omitirse

Quien quiere cultivar un amor inteligente no puede disimular, esconderse, mentir u omitirse. Quien disimula no construye un amor verdadero. Quien miente construye una farsa, no un romance saludable. Quien no dice lo que piensa o no comenta los problemas y conflictos existentes en la relación conyugal, puede estar aplazando una bomba emocional que tarde o temprano explotará.

Quien tiene baja autoestima disminuye su capacidad para darse, se vuelve especialista en reclamar y experto en cobrar.

La baja autoestima destruye la autonomía,
la capacidad de una persona para ser bien
resuelta, alegre y comunicativa. Y, además
de todo eso, prepara a la mente
para tener crisis de celos.

La deuda de la omisión es más cara que la deuda de la acción. Todo amante debería aprender a expresar sus sentimientos sin miedo. Si tiene miedo, significa que la relación está enferma en su base. Omitir o guardar silencio respecto a las crisis y las angustias de una relación nutre a los vampiros que sangran el amor. Muchas parejas se destruyen porque no saben cuidar de sus heridas. Algunas mujeres, cuando están insatisfechas, se enfadan, ponen cara larga por horas o días. Piensan que están contribuyendo a resolver sus conflictos, cuando, en realidad, están expandiéndolos. Enfadarse es una forma fea y débil de ser autoritario. Es cerrar el circuito de la memoria, callarse cuando se debería ser transparente.

Muchos no resuelven sus crisis de celos porque su compañero o compañera fueron omisos al comienzo de la relación, no tuvieron el valor de hablar sobre la incomodidad que sentían. Y así, poco a poco, las llamaradas de celos aumentarán, sus tentáculos se expandirán y las acusaciones y las presiones se acumularán. De ese modo, los celos se vuelven gigantescos e insoportables.

Todo amante debería aprender a expresar sus sentimientos sin miedo. Si tiene miedo, significa que la relación está enferma en su base. Omitir o guardar silencio respecto a las crisis y las angustias de una relación nutre a los vampiros que sangran el amor.

TERCER HÁBITO: EXPONER SUS IDEAS, NUNCA IMPONERLAS

Ser transparente es fundamental para tener un romance sustentable, pero exponer y no imponer las ideas es igualmente vital. Quien es transparente sin delicadeza se convierte en un tractor, una máquina que pasa por encima de su pareja, causando accidentes y muchos daños emocionales.

Es fundamental regular el tono de voz. Es posible hablar de problemas graves en un tono ameno. ¿Y si mi pareja eleva el tono de voz? Usted debe bajar el suyo, hacerle percibir que los gritos espantan el amor. En un romance saludable, cuanto más se exponen las ideas, los puntos de vista, los conceptos, mayores probabilidades habrá de llegar a un consenso. En un romance enfermizo, cuanto más se imponen las ideas y se reserva lo que se piensa, más se instala en una relación una dictadura en la cual uno domina al otro. Un desastre emocional.

La relación entre padres e hijos no es una democracia. Los hijos no tienen los mismos derechos que los padres de gastar, quedarse en el celular el tiempo que quieran, llegar a la hora según su buen entender, dormir cuando lo deseen. Poner límites con generosidad es vital para formar una personalidad saludable. Sin embargo, el matrimonio es una democracia emocional, más poderosa que la democracia política. Ambos tienen, o deberían tener, el mismo peso en sus opiniones, deberían decidir juntos, soñar juntos, participar de los mismos privilegios y las mismas dificultades. La desigualdad en los derechos asfixia el amor.

Ser generoso al hablar es esencial. Quien grita, presiona, habla en un tono alto, no sabe lo que es amar de manera inteligente. Quien se cree dueño de la verdad y nunca reconoce sus errores está apto para convivir con máquinas, pero no para construir un amor verdadero.

Imponer lo que se piensa, sea con berrinches, enfados, presiones, dinero, chantajes, es una forma infantil de amar. El amor más solemne exige que los amantes desarrollen el hábito de la transparencia y de la exposición paciente de ideas y posturas.

El matrimonio es una democracia emocional,
más poderosa que la democracia política.
Ambos tienen, o deberían tener, el mismo peso
en sus opiniones, deberían decidir juntos,
soñar juntos, participar de los mismos
privilegios y las mismas dificultades.

10

Hábitos de los amantes saludables II:

Vacuna contra los celos y los conflictos

D ebemos avanzar para seguir revelando los hábitos universales e inteligentes que debería tener toda persona que quiera construir no sólo romances saludables, sino también relaciones sustentables y profundas —por ejemplo, entre padres e hijos, maestros y alumnos.

CUARTO HÁBITO: PREOCUPARSE POR EL BIENESTAR DE QUIEN SE AMA

Nada es tan bello como observar las cosas que les gustan a las personas que amamos. Nada es tan rico como prestar atención a las cosas simples que motivan a nuestra pareja, a nuestros hijos, padres, amigos. Nada es tan poético como identificar los sueños y los placeres de la persona con la cual dormimos. Cuando lo hacemos, logramos identificar las cosas que a él o a ella le gustan y procuramos proporcionarlas.

A veces, un simple elogio diario vale más que collares de perlas. La simple expresión "te admiro" puede tener mucho más valor que un auto importado. Dar un hombro para llorar vale más que mil peleas y millones de consejos. Y, otras veces, aplaudir trae más confort que una cama suave en un cuarto ventilado.

Pero, con el tiempo, nuestras relaciones se desgastan tanto que sólo tenemos ojos para ver los errores, sólo tenemos el *feeling* para escudriñar los defectos. Nos volvemos policías, no amantes. Nos volvemos psicólogos, ya no damos apoyo. Usamos una lupa para ver las fallas y un megáfono para denunciar las incoherencias. Perdemos la delicadeza y, rudos, nos ponemos un velo en los ojos y no logramos ver las notables cualidades de nuestra pareja.

Al comienzo de la relación nos volvemos jardineros, hábiles en cultivar flores, pero con el tiempo nos convertimos en enterradores de nuestro romance, especialistas en sepultar el amor. Al principio, todo es fiesta, incluso las fallas de quien amamos son motivo de risa, no de cobranzas. Algunos se relajan tanto que hacen de la relación un agradable circo. Pero, con el tiempo, se psicoadaptan uno al otro, pierden el preludio, creen totalmente que el amor humano es eterno, que el juego está ganado. Así, aparecen las patadas, se vuelven frecuentes las discusiones por tonterías y el circo cede su lugar al ring. Egoístas, no piensan ya en agradarse uno al otro, sino sólo a sí mismos.

Quien no se preocupa por agradar a quien ama no sabe reconocer su indiferencia ni sus excesos, no evalúa su inmadurez ni recicla su mal humor, no analiza sus reacciones impulsivas ni supera su mente agitada. Parece que todo está bien, aunque se encuentre en un colapso físico, mental, afectivo y social.

Quien se preocupa en serio por cultivar un romance agradable y perenne no se avergüenza de confesar a su pareja: "Gracias por existir". "¡Eres una persona increíble!" "¡Te amo!" "¡Te necesito!" "Disculpa mi insensibilidad." "Déjame conocerte." "Enséñame a amarte y a proporcionarte lo que te da comodidad."

QUINTO HÁBITO: NO SER UN VERDUGO DE SÍ MISMO: RECICLAR LA CULPA Y LA AUTOCOBRANZA

Si conviviéramos con miles de animales, tal vez no nos equivocaríamos mucho; pero si convivimos con un ser humano, por más notable que sea la relación, erraremos con frecuencia. Debemos lidiar con la autocobranza, el sentimiento de culpa, el autocastigo, la falta de descanso. Tenemos que darnos una tregua a nosotros mismos, de lo contrario nos autodestruiremos. Muchos tienen la facilidad de perdonar a los demás, pero no a sí mismos. Toleran las tonterías ajenas, pero son incapaces de reírse de su propia estupidez. Se relajan ante los errores de sus seres cercanos, pero son verdugos de sí mismos.

La culpabilidad ligera es fundamental, pues nos hace tener consciencia crítica y cambiar de rumbo; sin embargo, la culpabilidad intensa y rigurosa retira el oxígeno de la libertad, genera autodestrucción. ¿Qué tipo de sentimiento de culpa tiene usted? ¿Ha experimentado un sentimiento de culpa intenso y destructivo?

¿Cuál es su actitud en cuanto a su calidad de vida? ¿Cuántas veces ha dicho que sería una persona más paciente, pero se dejó llevar por la ira ante una ofensa? Usted traicionó su intención. ¿Cuántas veces prometió que amaría más, que sonreiría más, que viviría más suavemente, que trabajaría menos, que se preocuparía menos, pero no cumplió su promesa? ¿Cuántas veces prometió que sería libre, pero fue esclavo de sus celos, del cansancio, de las preocupaciones o del sufrimiento por anticipación?

Puede ser chocante concluir que algunos traicionan su buen dormir; otros, sus sueños; y aun otros, sus romances; sin nunca haberse acostado con otra persona además de su pareja.

Administrar la emoción es ser libre para sentir, no ser engrilletado por los sentimientos. ¿Qué tipo de emoción le perturba? ¿Usted es estable o inestable? ¿Es tolerante consigo mismo o implacable, no se permite equivocarse? Muchos son verdugos de sí mismos. Se olvidaron de abrazarse, no saben darse una nueva oportunidad. Si son verdugos de sí mismos, ¿cómo serán flexibles con quienes aman?

Muchos tienen seguro de casa, de vida, de automóvil, pero nunca aseguraron su emoción. ¿Usted sabe proteger su emoción? ¿Es ella su bien más valioso? Si es así, ¿por qué no la protege? Acuérdese siempre de esta tesis: cuando no estamos entrenados para operar una computadora, conducir un vehículo, operar los procesos en una empresa, podemos no sólo ser ineficientes, sino también causar muchos accidentes. Del mismo modo, si no aprendemos a conducir nuestra emoción, a administrarla, estabilizarla y protegerla, causamos muchos accidentes. No se olvide de que este libro puede darle los ladrillos para proteger su emoción, pero sólo usted puede construir el muro. Puedo mostrarle el timón, pero sólo usted puede navegar en las aguas de la emoción.

Sexto hábito: usar el autodiálogo para reeditar los núcleos traumáticos y desarmar las trampas mentales

El autodiálogo, que puede ser llamado la mesa redonda del Yo, es un debate lúcido, abierto y silencioso que el Yo tiene con su propio ser, una reunión con su historia, una crítica constante a sus fantasmas mentales, como miedos y celos, una intervención directa del Yo en sus traumas, conflictos y dificultades, un ejercicio pleno de la capacidad de decidir, cuestionar y dirigir su propia historia.

El autodiálogo es una de las herramientas más importantes y eficientes para reeditar las ventanas *killer* o traumáticas y superar las trampas mentales; pero por desgracia es una de las menos practicadas en toda la humanidad. Estamos prejuiciados contra quien habla consigo mismo porque nos autoabandonamos, no sabemos dirigir el *guion* de nuestra emoción. La mesa redonda del Yo es definida por el Yo dialogando con los defectos de su personalidad, usando el método socrático de agotamiento, preguntando en el silencio mental cómo, cuándo y por qué surgieron, disminuye y cómo puede superarlos.

Freud y algunos teóricos del pasado decían que en los primeros años de vida, en especial hasta los cinco, seis o siete años, vivenciamos los traumas que serán la base de los trastornos psíquicos en el futuro. Y esos traumas no podrán ser modificados a no ser mediante procesos terapéuticos. Pero, a la luz de la comprensión del Yo como autor de la historia y del sofisticadísimo proceso de construcción de pensamientos, y de la formación de las ventanas de la memoria, podemos enfermar en cualquier época, incluso habiendo tenido una infancia saludable.

Hasta los ambientalistas radicales, que no admiten el depósito de basura en el medio ambiente, pueden violar el medio ambiente de sus mentes, pueden convivir con la polución de pensamientos angustiantes y emociones devastadoras. Incluso las personas religiosas, filántropas y volcadas a la meditación pueden tener un Yo autodestructivo, que no sabe administrar su psiquismo. Psiquiatras brillantes, que son eficientes para tratar a sus pacientes, pueden ser verdaderos verdugos de sí mismos.

Pero hay una gran noticia. Aunque sea una tarea compleja, podemos reciclar nuestras penurias psíquicas, reescribir las ventanas de la memoria en cualquier época y reconstruir nuestra historia. Nadie está obligado o condenado a convivir con sus conflictos, celos, fobias, impulsividades, ansiedades, humores depresivos, pesimismo, timidez, complejos de inferioridad, comportamientos autopunitivos o destructivos. La mesa redonda del Yo puede ser fundamental para prevenir conflictos, o contribuir a reeditar las ventanas traumáticas, o construir plataformas saludables en la mente. Pero el Yo de la mayoría de las personas es inerte, pasivo, frágil, conformista. ¿Y su Yo?

La técnica de la mesa redonda del Yo nutre su madurez, le da musculatura para que sea el autor de su propia historia. Por ejemplo, una persona insegura y que tiene crisis de celos, al hacer la mesa redonda del Yo debe bombardearse a diario con preguntas como: "¿Por qué soy insegura?". "¿Cuándo surgieron mis crisis de celos?" "¿Por qué no tengo autocontrol?" "¿Cuáles son los comportamientos que me hacen perder el equilibrio psíquico?" "¿Qué me hizo, a lo largo de la evolución de mi personalidad, tener miedo a la pérdida?" "¿Por qué soy un esclavo viviendo en una sociedad libre?" "¿Por qué no le doy libertad a quien amo?" "¿Son autoritarias mis actitudes?" "¿Estoy hiriendo a quien me es más querido?"

Quien realiza la mesa redonda del Yo puede tener dos grandiosos éxitos. Éxito en construir ventanas *light* paralelas en la corteza cerebral, alrededor del núcleo traumático que contiene fobias, humor depresivo, pánico, celos. Cuando se entra en un barrio traumático, hay barrios vecinos saludables en donde el Yo puede refugiarse. Además, esa técnica inserta nuevas experiencias en las ventanas *killer* abiertas, reeditándolas. Nunca se olvide de que los traumas no se borran: o se construyen plataformas adyacentes a las enfermizas, o se reedita el inconsciente.

Parece una locura dialogar con uno mismo, pero locura es la ausencia de un autodiálogo inteligente con nuestros fantasmas. Locura es ser una persona hiperansiosa y no hacer nada para evitar el agotamiento cerebral. Una persona que practica el autodiálogo no sólo está en mejores condiciones de superar sus penurias psíquicas, sino también de humanizarse; es decir, de volverse tolerante, serena y humilde, pues reconoce sus limitaciones, sus fragilidades.

La mesa redonda del Yo nos saca del trono del orgullo, de la autosuficiencia, llevándonos a cuestionar nuestras verdades, identificar nuestros traumas, dibujar nuestra estupidez, incoherencia e inmadurez. Rara vez logro juzgar y desistir de las personas que me aborrecen, porque he aprendido a practicar el autodiálogo. Veo mis defectos y por eso me es más difícil juzgar a los demás de forma impulsiva.

Esa práctica nos hace interiorizar, ser tolerantes y comprender que somos sólo y simplemente seres humanos y, como tales, mortales saturados de defectos y limitaciones. Cuando usted entiende su pequeñez, es fácil comprender y ser paciente con sus amigos y su cónyuge. Cuando nos subimos a un pedestal, por encima de los demás, es fácil condenar y excluir.

Si las parejas que tienen crisis de celos y otros conflictos practicaran la mesa redonda del Yo, jamás se lastimarían ni herirían a personas inocentes. Entenderían que no somos árabes, judíos y americanos, sino miembros de una única e inestimable especie. Amarían y se relajarían más, juzgarían y presionarían menos.

Hábitos de los amantes saludables III:

Vacuna contra los celos y los conflictos

Séptimo hábito: promover un diálogo abierto
y encantado

Dialogar no es conversar. Conversar es hablar sobre lo trivial, dialogar es hablar sobre lo esencial. Conversar es hablar sobre el mundo en el que estamos, dialogar es hablar sobre el mundo que somos. Conversar es discurrir sobre lo que está en la superficie del planeta Tierra, como la economía, los deportes y las ciencias, mientras que dialogar es discurrir sobre las capas más profundas del planeta Mente. Por lo tanto, dialogar y exponer el propio ser ante quien se ama es transferirle al otro el capital de las experiencias. Cualquier pareja superficial sabe conversar, pero sólo las parejas que se aman con profundidad y sustentabilidad saben dialogar; solamente ellas salen de la corteza de la inteligencia para entrar en espacios ocultos de la propia personalidad y de la personalidad de las personas con las cuales se relacionan.

¿Usted conoce a la persona que eligió para compartir su historia? Como vimos, conocemos menos de lo que imaginamos. Pero conoceremos menos todavía si restringimos la habilidad de dialogar. Muchas parejas saben oír sonidos, distinguir melodías, notas musicales, ruidos, pero no saben escuchar la voz de la emoción. Tienen el atrevimiento para pelear, pero son tímidas para escuchar antes de criticar. Son valerosas para reaccionar instintivamente, sin embargo son frágiles para hacer el silencio proactivo. Saben ser cómplices de los conflictos, pero no de la tolerancia. Son excelentes jueces para señalar la estupidez uno del otro, pero pésimos amantes para protegerse mutuamente.

La personalidad es una gran casa. La mayoría de los maridos y de las esposas conoce, como máximo, la sala de visitas uno del otro. El arte del diálogo exige muchos requisitos:

a) Aprender a escuchar

Es imposible aprender a dialogar sin antes aprender a escuchar. Escuchar no es oír sonidos, sino percibir lo que las palabras no dicen; no es advertir ruidos, sino analizar emociones. Escuchar es vaciarse de uno mismo y dejarse "invadir" por el otro. Escuchar es deshacerse de los prejuicios para escuchar lo que el otro tiene que decir, y no lo que queremos escuchar.

Muchos hombres son rudos, aunque sean intelectuales; saben discutir, atormentar, pero no saben escuchar. Sus esposas o novias son infelices, pero ellos piensan que todo está bien. Leen las sonrisas en los labios, pero no las lágrimas que nunca tuvieron el valor de derramar. Observan las líneas de la cara, pero no las curvas de la emoción. Son amantes y padres superficiales que sólo descubren que su compañera y sus hijos tienen dificultades cuando necesitan con urgencia ir con un psiquiatra o un psicólogo.

b) *Aprender a preguntar*

Nadie desarrollará un diálogo profundo, sea como psiquiatra, psicoterapeuta, educador o amante, si no aprende a preguntar. El arte de la pregunta pavimenta el arte de escuchar; el arte de escuchar asfalta el arte de dialogar.

Es posible hacer mil preguntas sobre todo y sobre todos, pero en el romance es vital hacer algunas preguntas básicas: "¿Cómo fue tu día?". "¿Tuviste algún problema?" "Mira, yo también tengo mis conflictos, ¿tú estás pasando por algunos?" "¿Alguien te aborrece?" "¿Tu mente está aliviada o agitada?" "¿Tu cuerpo está relajado o estresado?" "¿Cómo están tus sueños?" "¿Has tenido alguna pesadilla, incluso cuando despertaste?" "¿En qué puedo contribuir para que te relajes y sonrías más?" "¿Eres infeliz en el trabajo y/o en nuestra relación?" "¿Sientes que yo podría reciclar algún comportamiento para mejorar nuestro romance?"

*En el romance es vital hacer algunas preguntas
básicas: "¿Cómo fue tu día?". "¿Tuviste algún
problema?" "¿Cómo están tus sueños?"
"¿Has tenido alguna pesadilla, incluso cuando
despertaste?" "¿En qué puedo contribuir
para que te relajes y sonrías más?"*

---

*c) Superar la necesidad neurótica de ser perfecto:
no tener miedo de la crítica*

Aprender a escuchar y a preguntar es primordial, pero insuficiente para desarrollar una agenda profunda de diálogo. Se hace necesario también desarmarse, reconocer que se es sólo un ser humano, superar la necesidad neurótica de ser perfecto. Quien tiene miedo a la crítica, o se defiende en exceso cuando alguien le señala sus fallas, tiene un bajo nivel de diálogo. Quien se enfada, tiene ataques de rabia, envidia, celos, es impaciente y/o no tolera a las personas lentas también tiene un diálogo de mala calidad.

Pero alguien podría indagar: ¿entonces quién escapa de esa trampa mental? Por desgracia, mi impresión empírica es que noventa y ocho por ciento de las personas tiene, de alguna forma, la necesidad neurótica de ser perfecta. Y buena parte del dos por ciento que no tiene esa necesidad no es porque sea maduro, pero sí alienado, tiene un espectro autista. Muchos de nosotros estamos tan inhabilitados para dialogar que, cuando alguien señala alguna de nuestras fallas o nos contraría en forma mínima, levantamos barreras contra esa persona o, todavía peor, disparamos la ametralladora de las críticas.

Las escuelas y las universidades no nos educan para dialogar desde la perspectiva socioemocional. Tenemos una educación tan cartesiana, lógica y lineal que creemos que para dialogar basta con saber hablar. Cualquier grabadora, radio y televisor emite sonidos, profiere palabras. Dialogar es una característica de personalidad más compleja que aprender a conducir una gran aeronave, administrar una empresa, una ciudad o un país. Hay presidentes de naciones que son un desastre en la relación con sus seres cercanos. Hay ejecutivos que dirigen a miles de empleados pero no saben en lo más mínimo escuchar, preguntar, hablar de sí mismos o desarmarse.

Nadie saldría del lugar si el tanque de su vehículo estuviera vacío, sin combustible. Pero las personas quieren moverse e incrementar la relación con su ser amado, sus hijos o sus alumnos más difíciles sin poner el combustible del diálogo en sus relaciones. ¡Imposible! Construya el hábito del diálogo entrenando a diario con las herramientas aquí propuestas; así no sólo prevendrá los celos, sino también dará un *upgrade* a la forma en que las personas lo perciben.

Reitero una vez más que, para cultivar el amor, el mejor camino no es dar regalos caros, sino dar la más cara de todas las joyas: su propio ser. Decir: "¡Gracias por existir!", vale más que los diamantes más raros. El arte de dialogar refresca la relación, rejuvenece la emoción y estimula

al fenómeno RAM a construir ventanas *light* que pavimen-
tan el respeto y la admiración. Sin respeto y admiración,
podrá haber temor, pero no amor.

Muchas familias, en los primeros minutos en que sus
miembros están reunidos, parecen extremadamente afec-
tuosas, pero media hora después comienza el infierno de
las discusiones. Usan armas que no quitan la vida, pero
asfixian la emoción, el placer, el intercambio, la cooperación. Son especialistas en arrojar piedras, no en protegerse unos a otros. Son expertos en producir ventanas *killer*
que financian el juicio y el distanciamiento, no en archivar
experiencias saludables que sufragan el acogimiento y la
aproximación.

Dialogar todos los días, conversar abiertamente en la
mesa de la cena, apagar la televisión dos o tres veces por
semana durante por lo menos quince minutos y comenzar
a ejercer el arte de preguntar para explorar los tesoros de
quien amamos, son cosas que nutren el amor y protegen la
emoción contra sus trastornos.

Quien aprende el arte de escuchar, de preguntar y de
superar la necesidad neurótica de ser perfecto aprende, en
consecuencia, el hábito del arte de dialogar, y quien aprende el arte de dialogar se convierte en un poeta del amor. Un
poeta del amor, aunque nunca haya escrito poemas, vive su
relación como si fuese la más bella de todas. Se transforma en un amante excelente, un maestro brillante, un líder
fascinante.

Octavo hábito: superar la necesidad neurótica de cambiar al otro

Una de las herramientas que más destruyen a las parejas es la necesidad neurótica de cambiar al otro.

Sólo las parejas que están muertas conviven en plena armonía. Las vivas, por más mesuradas que sean, discuten, aunque en forma mínima, tienen actitudes divergentes e interpretaciones que entran en conflicto. Vivir en pareja es la mejor manera de revelar nuestras limitaciones. Y, en toda divergencia, el Yo, como representante del libre albedrío y de la autocrítica, debería hacer el silencio proactivo, que es la oración de los sabios: callarse por fuera y debatir por dentro. Sin embargo, somos rápidos para reaccionar y lentos para pensar. Nos volvemos pésimos especialistas en cambiar a los demás, enviciados en "querer" cambiar su cerebro.

Quien aprende el arte de escuchar, de preguntar
y de superar la necesidad neurótica de ser
perfecto aprende, en consecuencia, el hábito
del arte de dialogar, y quien aprende el arte
de dialogar se convierte en un poeta del amor.

El tono de voz elevado, el exceso de críticas, los chantajes y las crisis de celos son reflejos de un Yo que quiere actuar como neurocirujano para operar el cerebro de la esposa, extirpar la obstinación del marido, extinguir la ansiedad del novio, eliminar el radicalismo o timidez de los hijos. Olvidamos que el pensamiento es virtual, que no puede cambiar el territorio de la emoción, que es real, a no ser, como vimos, que el Yo lo permita o se omita.

Algunos conflictos entre parejas surgen por pequeños motivos, pero van creciendo durante la discusión y, por fin, se vuelven una guerra emocional en la que uno quiere cambiar al otro a cualquier costo. ¿Quién ha intentado cambiar a una persona obstinada? Si lo intentó, lo siento mucho, pero usted la empeoró. La mejor manera de transformar a una persona lenta en más lenta, a una persona retraída en más retraída, a una persona obstinada en más obstinada, es presionándola para que cambie.

Nuestras actitudes groseras hacen que los cuatro fenómenos inconscientes que ayudan al Yo a pilotear la aeronave mental lo dominen y se vuelvan autodestructivos. Al elevar el tono de voz en una discusión, por ejemplo, se estimula al gatillo de la memoria (primer fenómeno) a disparar y abrir una ventana *killer* (segundo), cuyo volumen de tensión hace que el ancla de la memoria (tercero) se fije en esa ventana, llevando al autoflujo (cuarto) a comenzar a leer ese archivo sin parar. En ese caso, el Yo deja de comandar la aeronave mental y queda amordazado en un camarote observando las crisis, conflictos, acusaciones, insultos. Ese proceso inconsciente ocurre en los ataques de celos, que cierran el circuito de la memoria e inician una guerra que carcome el romance.

Hay cónyuges tan especialistas en discutir uno con el otro que todo es motivo de pelea: el canal de la televisión,

el volumen de sonido, la temperatura del aire acondiciona-
do, las manías del otro, la sal en la comida, el cabello en el
lavabo del baño. Están enviciados en discutir, sólo se sienten vivos si están perturbándose uno al otro.

Las parejas amorosas, melosas, que se besan todos los
días no tienen ninguna garantía de que tendrán un romance duradero si no administran la emoción. En mi libro *Gestão da emoção* (*Administración de la emoción*) comento que
muchas parejas comenzaron la relación en la más bella primavera y terminaron en el más cáustico de los inviernos
porque no supieron administrar a los vampiros que sangran
su mente. Con el tiempo, se atrincheran y adoptan como
meta fundamental el querer "operar" el cerebro del otro.

No entienden que nadie cambia a nadie; tenemos el poder de empeorar a los demás, pero no de cambiarlos. No
comprenden que el tono de voz alto es una agresión, que
señalar fallas con frecuencia es violencia, que la crítica excesiva es un crimen, que las comparaciones son una estupidez, que usar generalizaciones como "no hay manera
contigo", "¡tú eres así!", "¡tú no resuelves nada en esta casa!"
es una irracionalidad. Todas las estrategias que usamos
para eso sólo cristalizan lo que más detestamos en quien
queremos cambiar.

DIFERENCIAS ENTRE EL AMOR Y LOS CELOS

En las crisis de celos, el cerebro deja el estado basal de relajación, cierra el circuito de la memoria y produce una

revolución metabólica que lleva al cuerpo al límite, para reaccionar con rapidez y violencia. Parece que usted está ante un depredador. Perder a quien se ama es como estar siendo consumido por dentro. Las señales del hipotálamo, una importante región cerebral, llegan a las glándulas adrenales a través de los nervios simpáticos, liberando las hormonas del estrés, como la adrenalina y la noradrenalina. ¿El resultado? En los ataques de cobranza, desconfianza, miedo a la pérdida, ocurre un aumento de la frecuencia cardiaca, dando la impresión de que su corazón se le saldrá por la boca; los pulmones comienzan a ventilar con rapidez, y usted siente que le falta el aliento; aumentan la presión sanguínea y la respuesta inmunológica. Todo eso para exaltar su fuerza muscular a fin de huir o luchar.

¿Pero huir de quién? ¡Del miedo a la pérdida! ¿Y luchar contra quién? Con quien supuestamente lo está abandonando. Quien tiene crisis de celos, más que perder a quien ama, se pierde primero a sí mismo, pierde su autocontrol. En pocos minutos, una persona angustiada por los celos, que en sus embates desea ansiosamente cambiar al otro, no sólo agota el planeta emoción de su esposa, su marido o su novio, sino también, y en especial, su propio cerebro. Gasta mucha más energía que muchos cargadores juntos.

¿Por qué tiene su cerebro esas reacciones sorprendentes? Porque, para él, usted no es sólo un número en la multitud, sino un ser humano único, inigualable, insustituible. Usted no debería tener celos de otro, sin importar quienquiera que sea; debería ser celoso de usted mismo, de su salud emocional y física y de su autoestima, que está yendo cuesta abajo. Su Yo puede minimizar su valor, puede empequeñecerse ante quien ama, menospreciarse ante las celebridades, pero su cerebro nunca lo hará. Para su cerebro, nadie es más importante que usted: usted es una pieza vital del universo y, por lo tanto, debería de abrazarse y decir: "A pesar de todo, me amo".

Por eso termino este libro exaltando las diferencias entre el amor y los celos:

- El amor es paciente, los celos son ansiosos.
- El amor es generoso, los celos son egoístas.
- El amor es tolerante, los celos juzgan.
- El amor es curativo, los celos son vengativos.
- El amor libera, los celos controlan.
- El amor es inversionista, los celos son explotadores.
- El amor es humilde, los celos son arrogantes.
- El amor no guarda ofensas, los celos jamás las olvidan.
- El amor eleva la autoestima, los celos desprecian.
- El amor colabora, los celos sabotean.

*Quien tiene crisis de celos, más que perder
a quien ama, se pierde primero a sí mismo,
pierde su autocontrol. En pocos minutos, una
persona angustiada por los celos, que en sus
embates desea ansiosamente cambiar al otro,
no sólo agota el planeta emoción de su esposa,
su marido o su novio, sino también, y en
especial, su propio cerebro.*

Una carta de amor para usted

De todo lo que aprendió en este libro, si usted se graba estas últimas palabras, yo, Augusto Cury, psiquiatra, escritor e investigador, quedaré humildemente realizado:

De acuerdo con la gestión de la emoción, ¡los celos son nostalgia de mí! ¿Por qué? Porque toda persona que tiene celos exige del otro aquello que no se da a sí mismo. Toda persona que tiene celos busca el reconocimiento y la atención del otro, un reconocimiento y una atención que tampoco se da a sí mismo. Jamás se olvide de que quien cobra de más a quien ama está apto para trabajar en una financiera, pero no para tener un bellísimo romance. Por lo tanto usted debe, en primer lugar, tener una historia de amor con su salud emocional, ser su fan, abrazarse y valorarse como un ser humano único en el teatro de la existencia.

Porque nadie puede amar de forma inteligente y sustentable a su compañero o compañera si antes no se ama a sí mismo. Antes de enamorar a alguien, por favor, enamore a su propia vida.

FIN

Le invitamos a publicar en redes sociales estas últimas palabras del autor, usando el hashtag #ciumeesaudadedemim, y a regalar a quien ama un ejemplar de este libro.

Siga al autor en las redes sociales:
Facebook.com/augustocuryautor
instragram.com/augustocury
twitter.com/augustocury

Referencias bibliográficas

Adler, Alfred, *Comprender la vida*, Barcelona: Paidós, 1999.

Adorno, Theodor W., *Educación para la emancipación*, Madrid: Ediciones Morata, 1998.

Chauí, Marilena, *Convite à filosofia*, São Paulo: Ática, 2000.

Costa, Newton C. A., *Ensaios sobre os fundamentos da lógica*, São Paulo: Edusp, 1975.

Cury, Augusto, *A fascinante construção do Eu*, São Paulo: Academia da Inteligência, 2011.

_____, *Armadilhas da mente*, Río de Janeiro: Arqueiro, 2013.

_____, *Em busca do sentido da vida*, São Paulo: Cultrix, 1999.

_____, *Inteligência multifocal*, São Paulo: Planeta do Brasil, 2013.

_____, *O código da inteligência*, Río de Janeiro: Ediouro, 2009.

_____, *O colecionador de lágrimas: holocausto nunca mais*, São Paulo: Planeta do Brasil, 2012.

_____, *O mestre dos mestres*, São Paulo: Academia da Inteligência, 2000.

_____, *Pais brilhantes, professores fascinantes*, Río de Janeiro: Sextante, 2003.

Descartes, René, *El discurso del método*, Madrid: Alianza Editorial, 2011.

Duarte, André, "A dimensão política da filosofia kantiana segundo Hanna Arendt", en Hannah Arendt, *Lições sobre a filosofia política de Kant*, Río de Janeiro: Relume Dumará, 1993.

Feuerstein, Reuven, *Instrumental Enrichment: An Intervention Program for Cognitive Modificability*, Baltimore: University Park Press, 1980.

Foucault, Michel, *Enfermedad mental y personalidad*, Barcelona: Paidós, 1984.

Frankl, Viktor Emil, *A questão do sentido em psicoterapia*, Campinas: Papirus, 1990.

Freire, Paulo, *Pedagogia dos sonhos possíveis,* São Paulo: Editora Unesp, 2005.

Freud, Sigmund, *Obras completas*, Madrid: Editorial Biblioteca Nueva, 1972.

Fromm, Erich, *Análise do homem,* Río de Janeiro: Zahar, 1960.

Gardner, Howard, *Inteligências múltiplas: a teoria e a prática*, Porto Alegre: Artes Médicas, 1994.

Goleman, Daniel, *Inteligencia emocional*, Barcelona: Kairós, 1996.

Hall, Lindzey, *Las teorías psicosociales de la personalidad*, México: Paidós, 1984.

Heidegger, Martin, *Heidegger*, São Paulo: Abril Cultural, 1989 (Colección Os pensadores).

Husserl, Edmund, *La filosofía como ciencia estricta*, Buenos Aires: Nova, 1980.

Jung, Carl Gustav, *Obras completas*, vol. 17: *Sobre el desarrollo de la personalidad*, Madrid: Trotta, 2010.

Kaplan, Harold I.; Sadoch, Benjamin J.; Grebb, Jack A., *Compêndio de psiquiatria: ciência de comportamento e psiquiatria clínica*, Porto Alegre: Artes Médicas, 1997.

Kierkegaard, Sören Aabye, *Diario de un seductor*, México: Océano Exprés, 2017.

Lipman, Matthew, *El lugar del pensamiento en la educación*, Barcelona: Editorial Octaedro, 2016.

Masten, Ann S., "Ordinary Magic: Resilience Processes in Development", *American Psychologist*, vol. 56, núm. 3, 2001.

Masten, Ann y Garmezy, Norman Risk, "Vulnerability and Protective Factors in Developmental Psychopathology", en Benjamin B. Lahey y Alan E. Kazdin (eds.), *Advances in Clinical Child Psychology*, vol. 8, Nueva York: Plenum Press, 1985.

Morin, Edgar, *El hombre y la muerte*, Barcelona: Kairós, 1974.

_____, *Los siete saberes necesarios para la educación del futuro*, París: Unesco, 1999.

Muchail, Salma T., "Heidegger e os présocráticos", en Joel Martins y Maria Fernanda S. F. Beirão Dichtchekenian (dirs.), *Temas fundamentais de fenomenologia*, São Paulo: Moraes, 1984.

Nachmanovitch, Stephen, *Free Play. La improvisación en la vida y en el arte*, Barcelona: Paidós, 2004.

Piaget, Jean, *Biología y conocimiento*, México: Siglo xxi Editores, 1969.

Pinker, Steven, *Cómo funciona la mente*, Buenos Aires: Planeta, 2001.

Sartre, Jean-Paul, *El ser y la nada*, Buenos Aires: Iberoamericana, 1946.

Steiner, Claude, *La educación emocional*, México: Punto de Lectura, 2002.

Sternberg, Robert J., *Más allá del cociente intelectual*, Bilbao: Desclée de Brouwer, 1990.

Yunes, Maria Angela M., *A questão triplamente controvertida da resiliência em famílias de baixa renda*, tesis de doctorado, São Paulo: Pontifícia Universidade Católica de São Paulo, 2001.

Yunes, Maria Angela M.; Szymanski, Heloísa, "Resiliência: noção, conceitos afins considerações críticas", en José Tavares (dir.), *Resiliência e educação*, São Paulo: Cortez, 2001.

Felicidades a las escuelas que educan la emoción

Felicidades a las más de ochocientas escuelas que adoptaron el programa Escuela de la Inteligencia (EI). Descubrieron que el EI es el primer programa mundial de administración de la emoción para niños y adolescentes, y el primer programa mundial de prevención de trastornos emocionales y control de la ansiedad para alumnos. Es además el mayor programa de educación socioemocional del planeta en la actualidad. Son más de doscientos mil alumnos. Sólo el año pasado, ochenta mil nuevos estudiantes entraron en el programa EI en Brasil.

Contamos con el mayor equipo de psicólogos y pedagogos especializados en educación socioemocional de Brasil. Ellos, incluso, entrenaron a decenas de miles de padres y a más de seis mil maestros, quienes son profesionistas de las propias escuelas que adoptan el EI y que, apoyados por un riquísimo material, imparten una clase por semana dentro del programa de estudios.

El objetivo del programa Escuela de la Inteligencia es enseñar a los niños y adolescentes a proteger la emoción, administrar la ansiedad, tener autocontrol, trabajar las pérdidas y frustraciones, ponerse en el lugar de los demás, pensar antes de reaccionar, ser líder, liberar la creatividad, reinventarse en el caos, tener resiliencia (aumentar el umbral para soportar frustraciones), emprender, atreverse, ser autor de su propia historia. Entre otros beneficios del programa está la mejoría de la oratoria y de la redacción.

El doctor Augusto Cury desarrolló el programa a lo largo de treinta años. Ahora, diversos países quieren importarlo. ¡Es Brasil contribuyendo con la humanidad! Además, estamos aplicando el programa de forma gratuita en orfanatos y en las escuelas más violentas de Brasil.

Los padres quedan encantados, los maestros, fascinados, y los alumnos, de la primaria a la secundaria, no ven la hora de tener la clase del programa EI. Felicidades de nuevo a las escuelas que lo adoptaron.

Queridos padres, si ustedes creen importante que su hijo participe en el programa Escuela de la Inteligencia, busquen una escuela que lo haya adoptado o soliciten lo más rápido posible que el director de la escuela de su hijo lo conozca. La calidad de vida de su hijo no puede esperar.

Para más información, visite:
www.escoladainteligencia.com.br
O entre en contacto al: (16) 3602-9420 /
comercial@escoladainteligencia.com.br

Hotel Administración de la Emoción

Coaching para rehabilitación de dependencia química y demás trastornos emocionales

Conozca al primer hotel de administración de la emoción para rehabilitación de dependientes de drogas, alcohol y demás trastornos emocionales de Brasil. Se trata de un proyecto privado, con metodología exclusiva del doctor Augusto Cury, psiquiatra e investigador, cuyos libros han sido publicados en más de setenta países.

Un lugar agradable, en el centro de un bosque, donde las personas se hospedan por aproximadamente seis meses para estudiar el más noble de todos los *coachings*: la administración de la emoción. Sin ella, los ricos se vuelven pobres, los dependientes químicos se vuelven esclavos viviendo en sociedades libres.

En el cronograma de actividades están incluidos encuentros diarios con psicólogos que hacen *coaching* emocional, englobando tres aspectos: estrés y ansiedad, relaciones y conflictos, y desarrollo de carrera. Los pacientes tienen a su disposición sesiones de psicoterapia individualizada y en grupo, educación física y terapia ocupacional, además de seguimiento con un médico psiquiatra.

En el Hotel Administración de la Emoción, los huéspedes no se sienten enfermos a ser tratados, sino seres humanos a ser reconstruidos.

¡Sea bienvenido y conozca las excelentes herramientas y técnicas para estar en mejores condiciones de convertirse en el autor de su propia historia!

Lugares limitados.

Más información y contactos:

www.hotelgestaodaemocao.com.br

Teléfonos: (17) 9-9181-1000 / (17) 3341-8212

Esta obra se imprimió y encuadernó
en el mes de febrero de 2019,
en los talleres de Impregráfica Digital, S.A. de C.V.,
Av. Coyoacán 100–D, Col. Del Valle Norte,
C.P. 03103, Benito Juárez, Ciudad de México.